VERBUM ✳ E N S A Y O

NINFÓMANAS CÉLEBRES
MUJERES APASIONADAS, ENTRE LA OBSESIÓN Y LA LIBERTAD SEXUAL

colección **Ensayo**

Dirigida por: ÁNGEL ESTEBAN

Verbum Ensayo se enfoca en los campos de la filología, la estética, la filosofía y la historia, fundamentalmente. Atesora las obras de los ensayistas y estudiosos más importantes de todos los tiempos y presta especial cuidado a estudios de autores hispanos como José Ingenieros, Miguel de Unamuno, José Enrique Rodó, José Olivio Jiménez, Roberto González Echevarría, Humberto López Morales, Leonardo Padura Fuente, Alejo Carpentier, Roberto Fernández Retamar, José Carlos Rovira, Virgilio López Lemus, Jesús G. Maestro, Alejandro Martínez, Ángel Díaz Arenas, Rolena Adorno, Enrique Gallud Jardiel, Vicente Cervera Salinas, Jesús Jambrina, Gema Areta, Ángel Esteban, José Luis Villacañas, Carlos Javier Morales, Javier Huerta Calvo, José Manuel Camacho, Elena Poniatowska, entre otros.

Muchos de estos títulos forman parte de las referencias bibliográficas de numerosos cursos doctorales, másteres y grados en universidades de España, resto de Europa y EE.UU.

ALEJANDRO ALCALÁ

NINFÓMANAS CÉLEBRES

MUJERES APASIONADAS, ENTRE LA OBSESIÓN Y LA LIBERTAD SEXUAL

Editorial
VERBUM

© Alejandro Alcalá, 2025
© Diseño de portada: Iván García
© De esta edición: Editorial Verbum, 2025

Tr.ª Sierra de Gata, 5
La Poveda (Arganda del Rey)
28500 - Madrid
Teléf.: (+34) 910 46 54 33
e-mail: info@editorialverbum.es
https://editorialverbum.es

I.S.B.N.: 978-84-1136-926-8

Diseño de colección: Origen Gráfico, S. L.
Preimpresión: Adrians Esquivel Romero
Printed in Spain / Impreso en España

Este libro ha sido
impreso con papel
ecológico procedente
de bosques sostenibles.

ÍNDICE

APÉNDICES

Prólogo

La sexualidad femenina ha sido objeto de control, tabú y especulación a lo largo de la historia. La ninfomanía, un término acuñado en el siglo XVIII, ha servido como un diagnóstico arbitrario para etiquetar a mujeres cuyo deseo sexual se consideraba excesivo para las normas de su época. Pero, ¿realmente existe la ninfomanía como trastorno clínico, o es un mito construido por una sociedad que históricamente ha temido la autonomía sexual de la mujer?

La sexualidad femenina siempre ha sido vista con ambivalencia: por un lado, como una fuente de placer y fertilidad; por otro, como una fuerza descontrolada que debía ser domesticada por el hombre. En la mitología griega, Afrodita, diosa del amor y el deseo, representaba la exaltación de la pasión, pero también la amenaza del caos. En la tradición judeocristiana, Eva simbolizaba la transgresión a través del deseo, y su acto de desobediencia condenó a la humanidad a la expulsión del paraíso.

El término "ninfomanía" fue introducido por el médico francés Bienville en su obra *La nymphomanie, ou traité de la fureur utérine* (1771), donde describía el supuesto trastorno como "una enfermedad caracterizada por un apetito sexual desmesurado, una obsesión incontrolable con el placer carnal que lleva a la mujer a la degradación moral". En su tratado, Bienville advertía que una mujer ninfómana podía ser identificada por síntomas como el insomnio, la palidez, la melancolía y, en casos más graves, la masturbación frecuente, considerada en su época una señal de perversión.

Durante siglos, la medicina y la psiquiatría reforzaron esta visión, interpretando la sexualidad femenina desde una perspectiva masculina y patologizándola cuando desafiaba las expectativas sociales. En el siglo XIX, los médicos aconsejaban la extirpación del clítoris como tratamiento para la "hipersexualidad" en mujeres, y en algunos casos, las diagnosticadas con ninfomanía eran enviadas a hospitales psiquiátricos donde se les practicaban terapias de choque o lobotomías.

El famoso neurólogo Jean-Martin Charcot, conocido por sus estudios sobre la histeria, identificó en muchas de sus pacientes síntomas que hoy podrían atribuirse a trastornos psicológicos comunes, pero que en su época eran considerados señales de "deseo descontrolado". Sigmund Freud, por su parte, vinculó la sexualidad femenina con la represión y los conflictos internos, señalando que "una mujer que expresa libremente su deseo es vista como una amenaza para el orden moral establecido".

Sin embargo, los estudios modernos han desmontado muchas de estas ideas. En *The Myth of the Nymphomaniac* (1990), la investigadora Lisa Appignanesi explica que la ninfomanía fue utilizada como un concepto moral más que médico, un medio de castigo contra mujeres que desafiaban las normas de género. La psicóloga Martha McClintock, en su estudio sobre la variabilidad del deseo sexual en las féminas, demostró que los niveles de deseo fluctúan ampliamente debido a factores hormonales, emocionales y ambientales, sin que esto implique una patología.

La Asociación Americana de Psiquiatría eliminó el término ninfomanía de su *Manual Diagnóstico y Estadístico de los Trastornos Mentales* (DSM-IV) en 1994, reemplazándolo por términos más específicos como "trastorno hipersexual", subrayando que la sexualidad activa por sí sola no constituye una patología. Hoy, el trastorno hipersexual sigue siendo un concepto debatido dentro de la psiquiatría, ya que no existen criterios objetivos para determinar cuándo un deseo es excesivo.

En la antigüedad, el placer femenino fue interpretado de maneras contradictorias. En algunas culturas, como la egipcia y la griega, la sexualidad de las mujeres tenía un componente sagrado o ritual. En otras, como en la tradición judeocristiana, fue considerada peligrosa, asociada con la tentación y la perdición.

En la Grecia clásica, Platón hablaba del "eros femenino" como una fuerza poderosa pero incontrolable, mientras que Aristóteles consideraba a la mujer como un ser pasivo en el acto sexual, reforzando la idea de que una fémina con deseo propio era "antinatural". El médico Hipócrates afirmaba que las mujeres padecían "histeria", una enfermedad supuestamente causada por la "insatisfacción sexual" y el "desplazamiento del útero", lo que más tarde se convirtió en la justificación de tratamientos como los masajes pélvicos o, en casos extremos, la histerectomía.

En la Edad Media, la iglesia reforzó la idea de que el deseo femenino era un peligro moral. Mujeres que mostraban interés por el placer eran sospechosas de brujería o posesión demoníaca. Durante la caza de brujas en Europa, muchas damas y féminas del burgo fueron ejecutadas bajo la acusación de "lujuria con el demonio". Como escribió el *Malleus Maleficarum* (1487), el manual de los inquisidores: "Toda brujería surge de la lujuria carnal, que en las mujeres es insaciable".

Con la Ilustración y la Revolución Industrial, la sexualidad femenina comenzó a estudiarse desde un punto de vista más científico y con enfoque médico, pero con una orientación que seguía reforzando el control social. En el siglo XIX, las mujeres que expresaban su deseo erótico eran diagnosticadas con "ninfomanía" y recluidas en hospitales psiquiátricos. En Inglaterra, la histeria se convirtió en la enfermedad femenina por excelencia y fue tratada con "terapia vibratoria", lo que llevó a la invención del primer vibrador eléctrico en la década de 1880.

En el siglo XX, la percepción de la sexualidad femenina comenzó a cambiar con la revolución de los años 60 y la liberación femenina, aunque los prejuicios persistieron. Aún hoy, las mujeres con una vida sexual activa son juzgadas de manera distinta que los hombres, perpetuando una doble moral que sigue latente en la sociedad.

Las protagonistas de este libro no solo fueron figuras de deseo, sino mujeres que, de una u otra forma, desafiaron las reglas de su tiempo. Desde Mesalina, la emperatriz romana cuya vida licenciosa sigue siendo objeto de especulación, hasta Madame de Pompadour, la amante que influyó en la política francesa con su intelecto y sensualidad, estas célebres féminas encontraron en su sexualidad una vía de afirmación personal y, en muchos casos, de poder. Muchas de ellas fueron reinas y emperatrices que usaron su atractivo como arma política. Cleopatra VII, por ejemplo, fue descrita por Plutarco como "una mujer cuyo intelecto superaba incluso a su belleza", pero su relación con Julio César y Marco Antonio fue reducida en la historia a una simple estrategia de seducción. Catalina la Grande, una de las monarcas más influyentes de Rusia, fue objeto de incontables rumores sobre su vida sexual, muchos de ellos creados por sus enemigos para desacreditar su reinado.

Las mujeres que han vivido su sexualidad con libertad han sido vistas con una mezcla de fascinación y condena. La ninfomanía, antes considerada un trastorno, hoy es comprendida más bien como un reflejo de la hipocresía social. Como dijo la filósofa Simone de Beauvoir en *El segundo sexo*: "El problema no es que las mujeres tengan deseos, sino que el mundo no les permite poseerlos sin castigo".

Parte I: Ninfómanas de la Historia

1. Mesalina (c. 17-48 d.C.): La emperatriz romana insaciable

Pocas figuras en la historia han sido tan asociadas con la lujuria y el exceso como Valeria Mesalina, la tercera esposa del emperador Claudio. Su nombre se convirtió en sinónimo de deseo descontrolado, depravación y escándalo. Suetonio la describió como "una mujer poseída por una furia inextinguible", mientras que Tácito la retrató como "un torbellino de placeres ilícitos, cuyo apetito no conocía límite ni restricción alguna". Su fama como la emperatriz más lasciva de Roma ha perdurado a lo largo de los siglos, pero, como ocurre con muchas figuras femeninas de la historia, es difícil distinguir la verdad de la exageración propagandística.

Mesalina se casó con Claudio a una edad muy temprana, posiblemente a los 15 años, y se convirtió en emperatriz en el año 41 d.C. cuando su esposo asumió el trono. Claudio, quien ya superaba los 50, era visto como un hombre débil, torpe y fácilmente manipulable. Suetonio lo describe como "un anciano gobernado más por sus esposas y libertos que por su propio juicio", lo que habría permitido que Mesalina tomara el control tras bambalinas. La joven emperatriz no solo acumuló poder político, sino que, según los historiadores romanos, también convirtió el palacio imperial en un nido de placeres inconfesables.

Las historias sobre su insaciabilidad sexual son numerosas y sorprendentes. Juvenal, en su "Sátira VI", cuenta que la emperatriz tenía la costumbre de disfrazarse y acudir por las noches a los burdeles de Roma bajo el seudónimo de "Lycisca" (loba),

13

donde competía con las prostitutas para ver quién podía recibir más clientes en una sola jornada. Según esta versión, "al alba, cuando el burdel cerraba sus puertas, Mesalina aún no estaba saciada; con el cabello revuelto y el rostro aún marcado por la fatiga, regresaba al lecho imperial sin una pizca de vergüenza".

Otro relato atribuido a Plinio el Viejo menciona que Mesalina participó en un concurso de resistencia sexual contra la célebre prostituta Escila, considerada la cortesana más experimentada de Roma. La competencia consistía en ver quién podía aguantar más encuentros sexuales en una sola noche. "Escila se rindió primero, exhausta, mientras Mesalina permanecía aún ávida de más", escribió Plinio.

Los relatos sobre su lujuria no se limitan a los burdeles y concursos sexuales. Dión Casio afirma que mantenía una red de amantes compuesta por senadores, gladiadores y esclavos, a quienes convocaba en habitaciones privadas del palacio imperial. "No distinguía entre nobleza y servidumbre; su deseo era democrático, siempre y cuando pudiera ser saciado", señaló el historiador griego.

Sin embargo, más allá de los relatos de excesos, es importante considerar el contexto político en el que Mesalina vivió. En Roma, la acusación de promiscuidad era una de las maneras más eficaces de desacreditar a una mujer con poder. La historiadora Mary Beard, en su libro *Mujeres y poder*, señala que muchas figuras femeninas de la antigüedad fueron difamadas a través de relatos sobre su sexualidad desbordada, como una forma de justificar su caída. En este sentido, algunos historiadores modernos consideran que la imagen de Mesalina como una ninfómana incontrolable podría haber sido una exageración o incluso una invención de sus enemigos políticos.

A pesar de su poder, Mesalina terminó cometiendo un error fatal. En el año 48 d.C., mientras Claudio estaba fuera de Roma, contrajo matrimonio públicamente con su amante, el senador Cayo Silio. Tácito narra que "el matrimonio se celebró con todos los ritos legales, como si Claudio estuviera muerto y ella ya no fuera emperatriz, sino la esposa de otro". Este acto, que equivalía a un golpe de estado, provocó su ruina inmediata. Los consejeros de Claudio le advirtieron del peligro, y el emperador, aunque sorprendido, no tardó en ordenar su ejecución. Según la versión de Tácito, cuando los soldados fueron a arrestarla, Mesalina trató de suicidarse, pero "su mano tembló al sostener el puñal, y fue necesario que un pretoriano le atravesara el cuello con su espada". Claudio recibió la noticia de su muerte mientras cenaba y, según cuenta Dión Casio, simplemente pidió otra copa de vino y siguió con su comida, sin mostrar signos de pesar.

2. Cleopatra VII (69-30 a.C.): Seducción, poder y deseo en Egipto

Cleopatra VII ha sido descrita como una de las mujeres más fascinantes y enigmáticas de la historia. Su imagen ha oscilado entre la de una brillante estratega política y la de una seductora implacable y sensual. A lo largo de los siglos, su nombre ha quedado vinculado a la lujuria, la manipulación y el deseo desbordado, pero ¿fue realmente una ninfómana o simplemente una gobernante astuta que supo usar su atractivo como un arma de poder? Plutarco, una de las principales fuentes sobre su vida, escribió que "su belleza no era extraordinaria, pero su presencia y su conversación tenían un encanto irresistible".

Cleopatra nació en el seno de la dinastía ptolemaica, una familia de origen macedonio que gobernaba Egipto desde la conquista de Alejandro Magno. A temprana edad, se destacó por su inteligencia y su dominio de múltiples idiomas, algo inusual en los gobernantes ptolemaicos, quienes generalmente se comunicaban en griego y despreciaban la lengua egipcia. Sin embargo, Cleopatra no solo hablaba egipcio, sino que también dominaba el latín, el arameo, el hebreo y otras lenguas de los pueblos con los que Egipto mantenía relaciones. "Era más que una reina: era un símbolo de Egipto y la encarnación de su divinidad", escribió el historiador Dión Casio.

La fama de Cleopatra como una mujer de deseo incontrolable comenzó con su relación con Julio César. En el año 48 a.C., cuando su hermano y esposo Ptolomeo XIII trató de despojarla del trono, Cleopatra buscó el apoyo de Roma. Según cuenta la tradición, para asegurarse un encuentro con César, se hizo llevar hasta sus aposentos envuelta en una alfombra, lo que generó una de las escenas más icónicas de la historia antigua. Plutarco relata que "cuando se desplegó la alfombra, apareció Cleopatra, radiante, con un resplandor que atrapó de inmediato a César". El general romano, a sus casi 52 años, quedó cautivado por la joven de 21 y la ayudó a recuperar el trono y se convirtió en su amante.

Cleopatra no solo sedujo a César, sino que también tuvo un hijo con él, Ptolomeo XV Filopátor Filométor César, más conocido como Cesarión. La relación entre ambos fue vista en Roma con desagrado, ya que la reina egipcia no era una simple amante, sino una figura política con ambiciones propias. "Cleopatra no era solo la amante de César, sino su igual en intelecto y ambición", escribió Suetonio. Tras el asesinato de César en el 44 a.C., Cleopatra intentó posicionar a su hijo como heredero legítimo, pero pronto comprendió que su mejor opción para mantener el poder era aliarse con otro de los hombres más poderosos de Roma: Marco Antonio.

La relación entre Cleopatra y Marco Antonio fue aún más escandalosa que la que tuvo con César. El general romano quedó rendido ante ella desde el primer momento. Según Dión Casio: "cuando Cleopatra entró en Tarso, vestida como Afrodita, con sus esclavas como ninfas y su barco perfumado con esencias, Marco Antonio se convirtió en su prisionero sin necesidad de cadenas". La pareja se entregó a una vida de excesos y placeres, y las crónicas romanas los retratan como protagonistas de interminables banquetes y noches de desenfreno. "Se organizaban fiestas donde el vino corría como el Nilo y los juegos eróticos eran la norma", escribió Plutarco.

Uno de los episodios más famosos de esta relación es el de la "Sociedad de los Inimitables", un círculo de amigos y amantes que organizaban reuniones donde se practicaban toda clase de diversiones lujuriosas. Según los historiadores, Cleopatra y Marco Antonio hacían apuestas sobre quién podía gastar más en una sola noche y, en una ocasión, la reina egipcia disolvió una perla en vinagre y se la bebió, demostrando que podía dilapidar una fortuna en un solo trago.

Cleopatra no solo usó su atractivo para seducir a estos dos grandes hombres de Roma, sino que también lo utilizó como una herramienta de legitimación política. Al presentarse como la encarnación de la diosa Isis, logró consolidar su imagen como una reina-diosa, lo que reforzó su control sobre Egipto. Sin embargo, esta combinación de sensualidad y ambición la convirtió en una figura odiada en Roma, donde la propaganda la retrató como una manipuladora que llevaba a los hombres más poderosos del mundo a la ruina. Tras la derrota de Marco Antonio en la batalla de Accio en el 31 a.C., Cleopatra intentó seducir a Octavio, el futuro emperador Augusto, en un último intento por salvar su reino. Sin embargo, Octavio no cayó en su juego y, según Dión Casio: "la trató con frialdad, como a una cautiva más". Al darse cuenta de que su destino estaba sellado, Cleopatra decidió suicidarse antes de ser llevada a Roma como trofeo de guerra. La versión más aceptada es que se dejó morder por una serpiente áspid.

El mito de Cleopatra como una devoradora de hombres ha perdurado a lo largo de los siglos. Shakespeare la inmortalizó en su tragedia *Antonio y Cleopatra*, y Hollywood ha explotado su imagen en películas como *Cleopatra* (1963), protagonizada por Elizabeth Taylor. Pero más allá de su fama de seductora insaciable, la última faraona de Egipto fue una líder brillante que entendió que el poder no solo se gana en el campo de batalla, sino también en la intimidad. Como escribió Plutarco: "su verdadero encanto no residía en su cuerpo, sino en la inteligencia con la que lo usaba".

3. Teodora de Bizancio (c. 500-548): La cortesana que se convirtió en emperatriz

Pocas mujeres han pasado de la marginalidad al poder absoluto con la astucia y determinación de Teodora de Bizancio. Desde sus orígenes como actriz y cortesana en los barrios bajos de Constantinopla hasta su reinado como emperatriz y esposa de Justiniano I, ella desafió todas las normas de su tiempo. Su vida estuvo marcada por la controversia, el escándalo y la fascinación, convirtiéndola en una de las mujeres más enigmáticas del Imperio Bizantino.

Nació alrededor del año 500 en Constantinopla, hija de un dominador de osos que trabajaba en el Hipódromo. Tras la muerte de su padre, Teodora y su madre se vieron obligadas a buscar sustento en el único lugar donde una mujer sin recursos podía hacerlo en aquella época: el teatro y la prostitución. El historiador Procopio de Cesarea, su principal biógrafo y también su mayor detractor, escribió que "desde su infancia, Teodora se entregó a toda clase de excesos, sin conocer freno ni alguna vergüenza".

Según Procopio, Teodora trabajó como mima y actriz, lo que en la Constantinopla del siglo VI era prácticamente sinónimo de prostituta. En su obra *Historia Secreta*, Procopio relata con evidente desprecio que "se entregaba a los hombres sin distinción, a veces incluso en plena escena, compitiendo con sus compañeras en osadía y desvergüenza". También narra un episodio en el que la futura emperatriz interpretaba una obra en la que, vestida solo con un cinturón de oro, simulaba ser Leda seducida por Zeus en forma de cisne. "Dejó claro a todos que no había placer que no estuviera dispuesta a probar", escribió el cronista.

Sin embargo, esta versión de su vida es discutida por algunos historiadores modernos, quienes consideran que Procopio, al estar al servicio de las facciones aristocráticas enemigas de Teodora, exageró su propensión al sexo con el objetivo de desacreditarla. En una sociedad donde la mujer ideal era la esposa recatada y obediente, la idea de una emperatriz con un pasado libertino resultaba inaceptable para las élites conservadoras.

A pesar de sus antecedentes, Teodora demostró ser mucho más que una cortesana. Su vida cambió cuando conoció a Justiniano, un joven ambicioso que, al ascender al trono en el 527, la convirtió en su esposa y emperatriz, a pesar de la oposición del Senado y la Iglesia. En ese momento, el matrimonio entre un futuro emperador y una mujer de su condición era impensable. Para legalizar su unión, Justiniano tuvo que derogar una ley que prohibía el matrimonio entre actores y miembros de la aristocracia. Pero una vez en el poder, Teodora se convirtió en una de las gobernantes más influyentes del Imperio Bizantino. Su inteligencia, astucia política y determinación la llevaron a ser consejera de Justiniano en asuntos de Estado, justicia y religión. Procopio, aunque su enemigo declarado, reconoció que "ninguna mujer había tenido tanto poder en la historia de Bizancio".

Más allá de su reputación, Teodora utilizó su experiencia para defender los derechos de las mujeres y de las trabajadoras sexuales. Promovió leyes que protegían a las matronas de la explotación, prohibió la prostitución forzada y creó refugios para aquellas que deseaban abandonar la vida en los burdeles. Bajo su influencia, se aprobaron medidas que castigaban la violencia contra las mujeres y se garantizaba que las esposas tuvieran derecho a poseer propiedades. Durante la revuelta de Niká en el 532, cuando las facciones políticas de los Verdes y los Azules amenazaron con derrocar a Justiniano, fue Teodora quien evitó que su esposo huyera del palacio. Según Procopio, se dirigió a los líderes del gobierno y pronunció una de las frases más célebres de la historia bizantina: "Si huimos, perderemos el trono, pero si morimos, al menos moriremos como reyes. La púrpura es un sudario glorioso". Su valentía permitió que Justiniano organizara una brutal represión que sofocó la revuelta y consolidó su reinado.

Pero la imagen de Teodora como emperatriz no logró borrar por completo su fama de mujer de deseo incontrolable. Sus enemigos siguieron acusándola de mantener amantes incluso después de su matrimonio, e insinuaron que utilizaba su influencia sobre Justiniano no solo para gobernar, sino también para manipularlo con su sexualidad. "Incluso en el trono, no perdió sus antiguas costumbres", escribió Procopio con evidente desprecio. En cambio, a pesar de los rumores y las difamaciones, su legado en Bizancio es incuestionable. Gracias a sus reformas, el estatus de las mujeres mejoró significativamente, y su influencia en la política y la cultura del imperio fue profunda. Falleció en el año 548, probablemente a causa de un cáncer, dejando tras de sí un reinado marcado por la polémica, pero también por la innovación y el progreso. Teodora fue mucho más que una cortesana convertida en emperatriz. Fue una mujer que desafió las normas de su tiempo y utilizó su inteligencia y determinación para moldear el destino de un imperio.

4. Leonor de Aquitania (1122-1204): Reina, amante y rebelde

Desde joven, Leonor destacó por su educación refinada y su carisma. Era culta, políglota y amaba la poesía y la música, algo poco común en una época donde las mujeres nobles eran instruidas solo en la obediencia y la religión. A los 15 años heredó el vasto Ducado de Aquitania, convirtiéndose en la mujer más rica y poderosa de Europa. Su belleza y su inteligencia la convirtieron en un premio codiciado, y poco después se casó con el rey Luis VII de Francia.

Desde el principio, el matrimonio entre Leonor y Luis VII estuvo signado por las diferencias irreconciliables. Mientras que él era un hombre piadoso, austero y tímido, ella era vivaz, apasionada y amante del lujo. Leonor detestaba la rigidez de la corte francesa y las estrictas normas impuestas a las mujeres. Según el cronista medieval Mateo de París: "Leonor despreciaba la vida monástica a la que estaba sometida como reina de Francia y anhelaba los placeres y la libertad de su Aquitania natal".

Durante la Segunda Cruzada, en la que acompañó a su esposo a Tierra Santa, surgieron rumores sobre su supuesta infidelidad con Raimundo de Poitiers, su apuesto tío, príncipe de Antioquía. El historiador Guillermo de Tiro escribió que: "Leonor se comportaba con una libertad escandalosa, participando en banquetes y reuniones con hombres sin el recato esperado de una reina". Su cercanía con Raimundo y su negativa a seguir las órdenes de su esposo provocaron un escándalo. Aunque no hay pruebas de que hubiera una relación amorosa, la sospecha contribuyó a la creciente tensión entre la pareja. Y el matrimonio entre Leonor y Luis VII terminó en divorcio en 1152, un hecho escandaloso para la época. La justificación oficial fue la consanguinidad, pero muchos cronistas señalaron que la verdadera razón fue la incompatibilidad entre ambos. Apenas unos meses después, Leonor se casó con Enrique Plantagenet, duque de Normandía y futuro rey Enrique II de Inglaterra. Este matrimonio fue una de las uniones más estratégicas de la historia, ya que consolidó el poder de la dinastía Plantagenet sobre vastos territorios en Francia e Inglaterra.

A diferencia de Luis VII, Enrique II era un hombre de carácter fuerte y temperamento fogoso, lo que hizo que su relación con Leonor fuera intensa, tanto en lo político como en lo personal y sexual. Tuvieron ocho hijos, entre ellos Ricardo Corazón de León y Juan Sin Tierra. Sin embargo, su matrimonio también estuvo lleno de conflictos, en gran parte debido a la independencia de Leonor y los constantes rumores sobre sus amantes. Uno de los episodios más infames de su vida fue su supuesta relación con el caballero Guillermo el Mariscal, un joven guerrero de gran atractivo que servía en la corte. Aunque no hay pruebas concretas de un romance, la cercanía entre ambos hizo que la corte se llenara de habladurías. También se ha especulado sobre su posible relación con el trovador Bernart de Ventadorn, quien le dedicó varios poemas de amor apasionado.

Pero lo que realmente selló el destino de Leonor no fueron sus supuestas infidelidades, sino su participación en una rebelión contra su propio esposo. En 1173, apoyó a sus hijos en una revuelta contra Enrique II, harta de la infidelidad y el autoritarismo del rey. El golpe falló y Leonor fue arrestada y encarcelada durante 16 años en diversas fortalezas inglesas. Tras la muerte de Enrique en 1189, su hijo Ricardo Corazón de León la liberó y le devolvió su influencia en la corte. A pesar de su avanzada edad, Leonor continuó jugando un papel crucial en la política, negociando matrimonios y asegurando la estabilidad del reino.

Leonor de Aquitania murió en 1204, a los 82 años, dejando tras de sí un legado impresionante. Fue una mujer que desafió las normas de su tiempo, que amó con intensidad y que usó su inteligencia y carisma para mantenerse en el centro del poder durante décadas. Su vida ha sido objeto de numerosas leyendas, novelas y películas que la retratan como una de las figuras femeninas más fascinantes de la Edad Media. Como escribió el cronista Ricardo de Devizes: "Leonor no fue solo una reina, sino un huracán de voluntad indomable y deseo insaciable que dejó una huella imborrable en la historia de Europa".

5. Lucrecia Borgia (1480-1519): ¿Víctima o mujer fatal?

Pocas mujeres en la historia han estado tan rodeadas de escándalos y leyendas como Lucrecia Borgia. Su nombre evoca intriga, poder, lujuria y tragedia. Para algunos, fue una víctima de su familia, utilizada como una pieza en el ajedrez político. Para otros, una mujer fatal, astuta y seductora, cómplice de los crímenes y excesos de los Borgia. Su historia transcurre en el corazón del Renacimiento italiano, una época de esplendor artístico, pero también de traiciones y ambiciones desmedidas.

Lucrecia nació en 1480 en una de las familias más poderosas y temidas de Italia. Su padre, Rodrigo Borgia, llegaría a convertirse en el papa Alejandro VI, y su hermano, César Borgia, inspiraría a Maquiavelo en la creación de *El Príncipe*. Desde su infancia, Lucrecia recibió una educación excepcional: aprendió latín, griego, literatura y filosofía, algo poco común en una mujer de su época. "No era solo bella", escribió el historiador Francesco Guicciardini, "sino también culta y refinada, capaz de cautivar con su conversación tanto como con su apariencia".

Los Borgia la usaron como un instrumento para forjar alianzas con las casas más influyentes de Italia, concertándole matrimonios estratégicos. Su primer matrimonio con Giovanni Sforza, señor de Pésaro, fue anulado en 1497 por orden de Alejandro VI, alegando que no había sido consumado. Sin embargo, en Roma corrían otros rumores: se decía que Giovanni había sido descartado porque ya no servía a los intereses de los Borgia. Humillado, Sforza difundió una de las acusaciones más escandalosas contra Lucrecia: que mantenía una relación incestuosa con su padre y su hermano César. "No fue el divorcio lo que me deshonró", escribió en una carta a sus aliados, "sino el hecho de que me hicieron a un lado para quedarse con su concubina familiar".

Este rumor, aunque probablemente infundado, se alimentaba del ambiente de libertinaje que reinaba en la corte papal de Alejandro VI. Los cronistas de la época relatan que el Vaticano se convirtió en escenario de festines, bacanales y orgías, muchas de ellas organizadas por los propios Borgia. En su *Historia de Italia*, Guicciardini describe la célebre fiesta conocida como el Banquete de las Castañas, en la que cortesanas danzaban desnudas mientras los invitados arrojaban monedas y se entregaban a los placeres más desenfrenados. Aunque no hay pruebas de que Lucrecia participara en estos eventos, su reputación quedó inevitablemente manchada por la de su familia. Poco después de su divorcio, fue enviada a un convento, supuestamente para protegerla del escándalo, aunque algunos historiadores sostienen que en realidad se buscaba ocultar un embarazo. Se ha especulado que el niño, conocido como "el Infante Romano", fue fruto de una relación con el misterioso Pedro Calderón, un cortesano de su padre que apareció asesinado en circunstancias sospechosas.

En 1498, Alejandro VI volvió a casarla, esta vez con Alfonso de Aragón, hijo ilegítimo del rey de Nápoles. El matrimonio parecía sólido, pero la ambición de su hermano César lo condenó. César había sellado una alianza con Francia, y Nápoles se convirtió en un obstáculo para sus planes. En 1500, Alfonso fue apuñalado en el Vaticano, aparentemente por sicarios enviados por César. Aunque logró sobrevivir, fue asesinado poco después en su lecho de convalecencia. Se dice que Lucrecia lloró desconsoladamente, pero no pudo hacer nada para evitarlo.

Después de la tragedia, su familia volvió a usarla para consolidar su influencia. En 1502, Lucrecia contrajo matrimonio con Alfonso d'Este, hijo del duque de Ferrara. Este enlace marcó un punto de inflexión en su vida. Alejada de la corte papal y de las intrigas de los Borgia, ella se reveló como una gobernante capaz y una destacada mecenas. Transformó la corte de Ferrara en un centro de arte y cultura, atrayendo a figuras como Ludovico Ariosto y Pietro Bembo. "Era una princesa generosa y sabia, más preocupada por la belleza y el conocimiento que por la política", escribió Bembo en una de sus cartas.

Sin embargo, su pasado la perseguiría siempre. Incluso en Ferrara, muchos la miraban con recelo, y su nombre seguía asociado a venenos y pasiones ocultas. Se decía que poseía un anillo con un compartimento secreto para envenenar a sus enemigos. También circularon rumores sobre sus múltiples amantes, entre ellos el propio Pietro Bembo, con quien intercambió cartas de un tono claramente romántico.

Lucrecia murió en 1519, a los 39 años, tras dar a luz a su décimo hijo. Su final estuvo lejos de la imagen de mujer fatal que la había acompañado durante su intensa existencia. Pasó sus últimos años como una devota religiosa. Poco después de su fallecimiento, la familia Borgia se desmoronó: César murió en el exilio y los últimos miembros del linaje desaparecieron de la escena política.

Entonces, ¿quién fue realmente Lucrecia Borgia? ¿Una manipuladora que usó su belleza y su astucia para influir en los hombres más poderosos de su tiempo? ¿O una víctima de la ambición de su familia, una mujer atrapada en un mundo donde su destino era moneda de cambio? Como escribió Víctor Hugo en *Lucrèce Borgia*: "Es fácil condenarla cuando la historia ha sido escrita por hombres que nunca la entendieron".

6. Catalina de Médici (1519-1589): La reina entre la lujuria y la política

Catalina de Médici fue una de las mujeres más influyentes y temidas del Renacimiento. Como reina consorte de Francia, madre de tres reyes y regente durante las guerras de religión, su vida estuvo marcada por el poder, la intriga y el pragmatismo despiadado. Pero, más allá de su papel como estratega política, la historia también la ha vinculado con escándalos sexuales, rumores de orgías en la corte y la manipulación del deseo como un arma de Estado.

Nació en 1519 en la influyente familia Médici, en Florencia, una ciudad donde la política y el placer iban de la mano. A los 14 años fue casada con Enrique, duque de Orleans y futuro Enrique II de Francia, en un matrimonio arreglado por su tío, el papa Clemente VII. Catalina llegó a la corte francesa como una extranjera sin poder ni influencia, y pronto se vio eclipsada por la amante oficial de su esposo, Diana de Poitiers, una mujer 20 años mayor que él y cuya belleza y experiencia la convertían en su consejera más cercana. Durante años, Catalina tuvo que soportar la humillación de ver cómo su esposo favorecía a Diana en todos los aspectos de su vida, desde la política hasta los asuntos privados. La reina quedó relegada a un segundo plano mientras la amante real se encargaba de administrar los asuntos del reino. Sin embargo, Catalina no se resignó. Con el tiempo, aprendió a jugar sus propias cartas: se convirtió en la observadora silenciosa de la corte y entendió que el sexo era una de las herramientas más poderosas del poder.

Cuando Enrique II murió en 1559 tras un accidente en un torneo, Catalina emergió de la sombra y tomó las riendas de Francia. Con su hijo Francisco II en el trono, se convirtió en la verdadera gobernante del reino y, tras la temprana muerte de este, se consolidó como regente de su segundo hijo, Carlos IX. Fue entonces cuando comenzó a construir su leyenda de mujer manipuladora, temida tanto por su astucia política como por su capacidad para usar el placer como un medio de control.

Uno de los aspectos más controvertidos de su gobierno fue la creación de las "Escuadrones Volantes" (*Escadrons Volants*), un grupo de cortesanas seleccionadas personalmente por la reina para seducir a nobles, embajadores y enemigos políticos con el objetivo de obtener información y garantizar la lealtad de los hombres más poderosos de Francia. Según el historiador Pierre de Brantôme: "Catalina entendía que los hombres podían ser conquistados más por sus deseos que por sus miedos, y convirtió el dormitorio en una extensión del consejo de Estado".

La corte de los Valois, bajo el mando de Catalina, fue un centro de placer y espionaje. Las mujeres de las Escuadras Volantes no eran simples amantes: eran espías entrenadas, expertas en seducción y en extraer secretos en la intimidada. "No hay mayor trampa que una cama bien perfumada", escribió Jean de La Bruyère al describir el ambiente cortesano de la época. Pero, los rumores sobre la relación de Catalina con la lujuria no se limitaban a su papel como organizadora de intrigas. Se decía que, a pesar de la frialdad de su matrimonio con Enrique II, en la intimidad no era ajena a los placeres de la carne. Se la vinculó con diversos amantes, aunque la falta de pruebas convierte estas afirmaciones en meras especulaciones. También se dijo que, después de enviudar, se interesó por la astrología y la magia sexual, siguiendo los consejos del alquimista y astrólogo Nostradamus, a quien consultó en numerosas ocasiones.

Pero el episodio más escandaloso relacionado con Catalina de Médici ocurrió en la infame "Noche de San Bartolomé" en 1572, cuando miles de hugonotes (protestantes franceses) fueron asesinados en París tras la boda de su hija Margarita con Enrique de Navarra. Se dice que Catalina planeó la masacre con una frialdad calculadora, asegurándose de que la corte estaba ocupada en celebraciones y banquetes para desviar la atención. "La sangre se derramaba en las calles, pero en el Louvre aún se brindaba con vino", escribió el historiador Agrippa d'Aubigné.

A pesar de su reputación de mujer despiadada, Catalina fue una hábil diplomática y una gobernante que luchó por mantener a Francia unida en medio de conflictos religiosos devastadores. Sus detractores la pintaron como una hechicera que usaba venenos y pócimas para eliminar a sus enemigos, mientras que sus aliados la vieron como la única persona capaz de contener el caos. Catalina de Médici murió en 1589. Fue una mujer que entendió que el placer y la política no estaban separados, sino que podían ser usados como herramientas complementarias. Su vida ha sido retratada en innumerables novelas, películas y series que la presentan como una reina manipuladora, una mujer fatal en el corazón del poder. Como escribió el embajador veneciano Giovanni Michiel: "Catalina era una mujer sin escrúpulos, capaz de vender cuerpos y almas para conservar su trono". Lo cierto es que la historia de Catalina de Médici sigue siendo un enigma, una combinación de astucia, ambición y sensualidad que la convirtió en una de las figuras más fascinantes de la monarquía francesa.

7. ISABEL I DE INGLATERRA (1533-1603): LA "REINA VIRGEN"

Isabel I de Inglaterra es una de las monarcas más icónicas de la historia, una mujer que desafió las expectativas de su tiempo y gobernó con astucia en un mundo dominado por hombres. Su reinado, conocido como la Era Isabelina, estuvo marcado por la consolidación del poder inglés, la expansión marítima y un florecimiento cultural que produjo figuras internacionales como William Shakespeare. Sin embargo, junto con su éxito político, Isabel llevó consigo un enigma que ha fascinado a historiadores y novelistas durante siglos: su vida sexual, o la aparente falta de ella. Aunque se autodenominó la "Reina Virgen", su nombre estuvo envuelto en rumores de amantes secretos, intrigas cortesanas y una posible doble moral que escondía una vida privada mucho más intensa de lo que su imagen pública sugería.

Hija de Enrique VIII y Ana Bolena, Isabel llegó al trono en 1558 tras la muerte de su hermana, María I de Inglaterra. Desde el principio, su condición de mujer soltera la convirtió en un tema de especulación y presión política. En una época en la que el matrimonio era considerado una necesidad para la estabilidad del reino, Isabel desafió todas las convenciones al negarse a contraer nupcias, argumentando que Inglaterra era su único esposo. "No estoy dispuesta a ceder mi libertad por un hombre", proclamó en una de sus famosas declaraciones. Sin embargo, la imagen de Isabel como una reina casta y dedicada exclusivamente al deber no se ajusta del todo a las historias que circularon en su época. Desde su juventud, mantuvo una estrecha relación con Robert Dudley, conde de Leicester, un noble carismático que se convirtió en su favorito. Dudley, casado en aquel entonces con Amy Robsart, fue visto en la corte como el único hombre con suficiente influencia sobre la reina como para convertirse en su esposo. Su cercanía era tal que los embajadores extranjeros informaban constantemente sobre el escándalo que suponía que Isabel pasara tanto tiempo a solas con él. En 1560, cuando la esposa de Dudley apareció muerta en circunstancias sospechosas —al caer por una escalera—, los rumores sobre una conspiración amorosa se intensificaron. "El reino entero susurra que la reina echa de menos la compañía de un esposo y que el conde de Leicester ocupa ese lugar en secreto", escribió el embajador español de la época.

A pesar de la insistencia de su Consejo para que contrajera matrimonio, Isabel nunca formalizó una unión, aunque se le atribuyeron otros amantes además de Dudley. Entre ellos, se menciona a Christopher Hatton, un cortesano y político distinguido que ascendió rápidamente en la jerarquía real. También se rumoreaba que tuvo una relación con Robert Devereux, conde de Essex, un joven y ambicioso noble que se convirtió en su favorito en los últimos años de su reinado. "Era más joven que ella, pero la reina parecía disfrutar de sus atenciones tanto como él de su favor", escribió Francis Bacon sobre la relación entre Isabel y Essex.

El escándalo en torno a su vida privada se intensificó cuando comenzaron a circular rumores de que Isabel podría haber dado a luz en secreto. Se habló de hijos ilegítimos escondidos en conventos o criados en el anonimato por familias nobles. Uno de los mitos más persistentes fue el de Arthur Dudley, un hombre que en 1587 fue capturado por los españoles y que afirmó ser hijo de Isabel y Robert Dudley. Aunque su historia nunca fue probada, su existencia refleja la fascinación popular por la vida privada de la reina. Otro de los rumores más extraños sobre Isabel es la teoría de que en realidad era un hombre disfrazado. Conocida como la leyenda del Niño de Bisley, esta teoría, popularizada en el siglo XIX, sostiene que la verdadera Isabel murió en su infancia y fue sustituida por un joven de apariencia similar para evitar la ira de su padre, Enrique VIII.

Pero, más allá de los rumores, Isabel utilizó su estado civil como una estrategia política. Al mantenerse soltera, pudo jugar con las expectativas de las casas reales europeas, manteniendo abiertos los canales diplomáticos sin comprometer su independencia. En diferentes momentos de su reinado, se presentaron propuestas de matrimonio de figuras tan influyentes como Felipe II de España, el archiduque Carlos de Austria y Francisco, duque de Anjou. Sin embargo, cada vez que el matrimonio parecía inminente, Isabel encontraba una excusa para rechazarlo. «Si me caso, perderé mi poder; si permanezco soltera, seguiré siendo reina», afirmó.

A pesar de su avanzada edad, Isabel nunca dejó de rodearse de jóvenes cortesanos que la adulaban y entretenían. Incluso en los últimos años de su vida, mantuvo un círculo de favoritos que la acompañaban en la corte, asegurándose de que la veneraran como la "reina virgen". Pero, ¿fue realmente una mujer que reprimió su deseo, o simplemente supo manejarlo con discreción? El enigma de Isabel I sigue vivo. Algunos la ven como una monarca que sacrificó su vida personal por su reino, mientras que otros creen que detrás de la fachada de la Reina Virgen se escondía una mujer que supo vivir sus pasiones sin someterse a las normas impuestas por la sociedad. Como escribió el poeta Edmund Spenser en su dedicatoria a Isabel en *La Reina de las Hadas*: "Ella es el sol, la luna y la estrella del reino, pero su corazón es un secreto que nadie puede descifrar".

8. Cristina de Suecia (1626-1689): Libertad y deseo en la corte sueca

Cristina de Suecia fue una de las monarcas más excéntricas, brillantes y polémicas de su tiempo. Conocida por su inteligencia, su desprecio por las normas de género y su vida privada cargada de rumores, esta reina escandalizó a la corte sueca y desafió las convenciones del siglo XVII. Se negó a casarse, abdicó del trono en favor de su libertad y vivió el resto de su vida entre el lujo, el arte y el deseo desenfrenado. Fue una reina que amó sin restricciones y que dejó tras de sí una historia que sigue cautivando a historiadores y novelistas.

Nacida en 1626, Cristina era hija del rey Gustavo II Adolfo, el gran líder militar de Suecia, y de María Leonor de Brandeburgo. Desde su nacimiento, se supo que era especial: los médicos inicialmente la confundieron con un niño debido a su complexión robusta y sus rasgos andróginos. Creció como heredera al trono y recibió una educación propia de un monarca varón. Se instruyó en filosofía, política, teología, esgrima y equitación, y hablaba varios idiomas con fluidez. Su intelecto la convirtió en una de las soberanas más cultas de Europa. Sin embargo, su vida privada fue objeto de innumerables especulaciones. Desde joven, mostró un profundo desinterés por el matrimonio y la maternidad, lo que inquietó a la corte sueca. "El matrimonio me desagrada", declaró en una ocasión. "No veo por qué debería entregarme alguna vez a un hombre". Esta negativa no fue solo una declaración política, sino también una muestra de su carácter rebelde y su deseo de vivir bajo sus propias reglas.

Uno de los episodios más comentados de su vida fue su relación con Ebba Sparre, una dama de honor con la que compartió una intensa amistad que muchos consideraron amorosa. Cristina llamaba a Ebba "mi bella", "mi corazón" y "mi delicia" en sus cartas, y la exhibía públicamente con una cercanía que escandalizaba a los nobles. El embajador francés en Suecia escribió que "la reina muestra un afecto por su favorita que va más allá de la simple amistad".

Además de su relación con mujeres, también se le atribuyeron numerosos romances con hombres. Entre ellos, el diplomático y aventurero Antonio Pimentel de Prado, un enviado español con quien Cristina mantuvo una conexión especial. Se decía que pasaban largas noches conversando en privado y que él era uno de los pocos hombres a los que realmente parecía su igual. Algunos rumores incluso afirman que Cristina tuvo un hijo secreto con Pimentel, aunque no existen pruebas concluyentes.

Pero más allá de su vida amorosa, lo que realmente marcó la historia de Cristina fue su decisión de abdicar al trono en 1654. En un acto sin precedentes, renunció a la corona y abandonó Suecia para convertirse en al catolicismo en un viaje que la llevó a Roma. Su abdicación fue vista como un escándalo en su época, ya que ninguna mujer había renunciado voluntariamente al poder por razones personales y espirituales. Su cortejo de despedida fue una de las procesiones más grandiosas de la historia sueca, reflejando la importancia de su reinado y la sorpresa que provocó su decisión.

Una vez en Roma, Cristina disfrutó de una vida de lujos y excesos. Fue acogida como una celebridad en la corte papal, donde se convirtió en mecenas de artistas, filósofos y científicos. Sin embargo, su comportamiento siguió generando controversia. Se vestía con atuendos masculinos, hablaba con una libertad inusual para una mujer de su época y se rodeaba de hombres y mujeres con reputaciones escandalosas. "Cristina no es como las demás mujeres", escribió un cronista de la corte papal. "Vive como un príncipe, habla como un soldado y piensa como un filósofo".

Uno de los episodios más oscuros de su vida en Roma fue su implicación en el asesinato de su mayordomo, el marqués Gian Rinaldo Monaldeschi. Cristina ordenó su ejecución en 1657 tras acusarlo de traición, pero la falta de un juicio formal y la brutalidad del acto impactaron a sus contemporáneos. La reina nunca mostró remordimiento y justificó su decisión con frialdad: "Un soberano debe ser temido tanto como amado".

Los últimos años de su vida los pasó viajando entre Roma, Nápoles y Francia, disfrutando de la compañía de intelectuales, artistas y amantes. Nunca dejó de ser una figura enigmática y provocadora. Murió en 1689 y fue enterrada en la Basílica de San Pedro en el Vaticano, un honor reservado a muy pocos laicos, lo que demuestra la extraordinaria impresión que dejó en su tiempo. Cristina de Suecia fue una mujer que vivió sin restricciones, que desafió todas las normas de su época y que hizo de su deseo y su libertad un emblema personal. Sobre ella escribió Voltaire: "Cristina fue un espíritu libre, demasiado adelantado para su siglo".

9. NINON DE LENCLOS (1620-1705): FILOSOFÍA, SEDUCCIÓN Y PLACER

Ninon de Lenclos fue una de las mujeres más fascinantes y transgresoras del siglo XVII. Filósofa, cortesana, mecenas de las artes y defensora de la independencia femenina, vivió con una libertad inusual para su época, convirtiendo el placer y la inteligencia en sus mayores armas. A diferencia de otras féminas de su tiempo, que se veían obligadas a elegir entre el matrimonio o el convento, Ninon decidió que su vida estaría guiada por sus propios deseos y que nunca dependería de un hombre. Su longevidad, combinada con su ingenio y belleza, la convirtió en una figura legendaria de la corte francesa, respetada por los intelectuales y temida por los moralistas.

Nació en París en 1620, en una familia de la pequeña nobleza. Su padre, un espadachín libertino, le inculcó desde niña el amor por la cultura y la independencia de pensamiento. Su madre, en cambio, intentó enviarla a un convento para que tuviera una vida más "respetable", pero Ninon rechazó esa idea desde el principio. "No quiero ser prisionera de Dios ni de ningún hombre", declaró cuando apenas tenía 15 años. Desde joven, se destacó por su inteligencia y su agudo sentido del humor, lo que la convirtió en la favorita de los círculos intelectuales parisinos.

Conoció y debatió con algunas de las mentes más brillantes de su época, como Molière, La Rochefoucauld y Voltaire. Su salón se convirtió en un punto de encuentro para filósofos, poetas y aristócratas, quienes acudían junto a ella tanto por su belleza como por su conversación. "Ninon no solo seducía con su cuerpo, sino también con su espíritu", escribió el historiador Saint-Simon.

Pero si algo definió la vida de Ninon, fue su negativa a someterse a las reglas del matrimonio. Consideraba que el amor debía ser libre y que ninguna mujer debía depender de un esposo. "El matrimonio es la tumba del amor", afirmaba sin rodeos. En lugar de buscar estabilidad en una sola relación, decidió tener amantes a lo largo de toda su vida, pero siempre bajo sus propias condiciones. Se dice que entre sus muchos amantes estuvieron importantes figuras de la corte, como el marqués de Villarceaux, el gran Condé, e incluso Luis XIV en su juventud. Sin embargo, no veía a sus relaciones como meras conquistas, sino como parte de una filosofía de vida. "No me entrego a los hombres por necesidad ni por obligación, sino por placer", escribió en una de sus cartas.

Lo más sorprendente de Ninon no fue solo la cantidad de sus relaciones y romances, sino la manera en que mantuvo la admiración y el respeto de sus antiguos amantes. A diferencia de muchas mujeres de la época, que al perder su juventud quedaban relegadas al olvido, Ninon siguió siendo deseada y admirada incluso en su vejez. "En París hay dos cosas inmortales: el río Sena y Ninon de Lenclos", bromeaba Voltaire, quien fue uno de sus protegidos.

Uno de los episodios más escandalosos de su vida ocurrió cuando, en su madurez, un joven aristócrata se enamoró perdidamente de ella y la cortejaba con insistencia. Tras varias dudas, Ninon accedió a su petición y pasó una noche con él. Al día siguiente, un amigo le reveló que el joven era en realidad su propio hijo, fruto de una de sus antiguas relaciones. Al enterarse, el chico cayó en una profunda crisis emocional y se retiró a un convento. La historia, aunque posiblemente exagerada por los cronistas de la época, contribuyó a su fama de mujer "fatal", ajena a los convencionalismos y dispuesta a vivir según sus propias reglas, ya que Ninon también desafió a la Iglesia con su pensamiento libertino. Sus ideas sobre la moral, el amor y el placer fueron consideradas peligrosas y escandalosas. En una ocasión, fue encarcelada en un convento por orden de Ana de Austria, madre de Luis XIV, quien la consideraba una amenaza para la moral de la corte. Sin embargo, su influencia fue tan grande que el propio cardenal Mazarino intercedió por ella y logró su liberación.

A pesar de su fama de cortesana, Ninon no dejó de lado el arte y la cultura. Fue una gran mecenas y ayudó a jóvenes escritores y filósofos a desarrollar sus carreras. Voltaire, a quien conoció cuando era un niño, recibió de ella una gran suma de dinero para que pudiera dedicarse a la escritura.

Ninon murió en 1705, a los 85 años, rodeado de admiradores y amigos. Su legado como una de las mujeres más libres e inteligentes de su tiempo perdura aún. Fue una mujer que se negó a ser definida por los valores de su época y que vivió según sus propios términos. Como ella misma decía: "La verdadera libertad no está en la ausencia de ataduras, sino en la capacidad de elegir con quién atarse y por cuánto tiempo".

10. MADAME DE POMPADOUR (1721-1764): LA AMANTE QUE GOBERNÓ FRANCIA

Madame de Pompadour no solo fue la amante favorita de Luis XV, sino una de las mujeres más influyentes de la historia de Francia. Su nombre es sinónimo de sofisticación, seducción y poder. Más que una simple cortesana, se convirtió en una estratega política, una mecenas de las artes y la cultura, y la mujer que, durante casi dos décadas, ejerció un control sin precedentes sobre la corte de Versalles.

Nació en 1721 como Jeanne-Antoinette Poisson, en una familia de la burguesía parisina. Su madre, una mujer ambiciosa, estaba convencida de que su hija estaba destinada a la grandeza. Desde pequeña, Jeanne fue educada como una dama de alta sociedad, recibiendo lecciones de música, danza, literatura y etiqueta. Un adivino predijo que algún día conquistaría el corazón del rey de Francia, una profecía que su madre tomó muy en serio y que marcaría su destino. A los 19 años, Jeanne se casó con Charles-Guillaume Le Normant d'Étiolles, un noble alojado con quien tuvo una hija. Sin embargo, este matrimonio nunca fue su verdadero objetivo. En 1745, con solo 24 años, logró captar la atención de Luis XV en un baile de máscaras en Versalles. Vestida de ninfa, su belleza y encanto hipnotizaron al rey. Poco después, fue invitada a la corte y se convirtió en su amante oficial, obteniendo el título de Marquesa de Pompadour.

A diferencia de otras amantes reales, que eran vistas como simples pasatiempos del monarca, Madame de Pompadour supo consolidar su posición en Versalles. Comprendió que para sobrevivir en la corte debía ser algo más que una mujer hermosa: debía ser indispensable para el rey. Se convirtió en la confidente, consejera y principal influencia de Luis XV. "Su poder no reside en su lecho, sino en su mente", escribió el embajador veneciano en la corte francesa.

A pesar de que su relación física con el monarca francés duró apenas cinco años, su influencia no desapareció. Cuando su salud comenzó a deteriorarse y ya no pudo satisfacer al rey en la intimidad, encontró una solución ingeniosa: organizó un grupo de jóvenes amantes para él, asegurándose de que ninguna otra mujer pudiera reemplazarla como su consejera y amiga más cercana. "Ella entendía que el deseo pasa, pero el poder permanece", escribió Voltaire, quien la admiraba profundamente.

Madame de Pompadour desempeñó un papel crucial en la política de Francia. Influyó en decisiones militares y diplomáticas, promovió la Alianza Franco-Austriaca y respaldó la participación de Francia en la Guerra de los Siete Años. Su intervención fue clave en el nombramiento de ministros y funcionarios leales a la corona, lo que le permitió controlar el gobierno. Pero su mayor legado fue en el arte y la cultura. Bajo su mecenazgo, florecieron las artes decorativas, la literatura y la arquitectura. Apoyó a artistas, escritores y filósofos como Voltaire, Diderot y Rousseau. Gracias a ella, la fabricación de porcelana de Sèvres alcanzó su máximo esplendor, y se construyeron algunos de los edificios más bellos de Francia. Fue una de las impulsoras del estilo rococó, convirtiendo a Versalles en un símbolo de refinamiento y lujo.

Sin embargo, no todo en su vida fue esplendor y éxito. Fue blanco de feroces críticas por parte de la nobleza, que nunca estuvo conforme con que una mujer de origen burgués tuviera tanto poder. La gente la culpaba de la decadencia del reino y de la creciente corrupción de la corte. Se la acusaba de despilfarrar el dinero del Estado en fiestas y espectáculos mientras el pueblo sufría. Su salud comenzó a deteriorarse en la década de 1760. Sufría de tuberculosis y de un agotamiento físico y emocional debido a los constantes ataques de sus enemigos. En 1764, con solo 42 años, Madame de Pompadour murió en Versalles. Luis XV, a quien rara vez se veía afectado por la muerte de sus allegados, se mostró visiblemente conmovido. "No verá llover en Versalles", dijo el monarca, en alusión a la tradición que impedía a los reyes asistir a los funerales de sus amantes. Como afirmó el duque de Choiseul, su aliado político: "Madame de Pompadour no fue solo la favorita del rey, sino la mujer que gobernó Francia con una sonrisa".

11. Catalina la Grande (1729-1796): La zarina y sus legendarios amantes

Nació en 1729 como Sofía Federica Augusta de Anhalt-Zerbst, en una familia noble alemana. A los 16 años fue enviada a Rusia para casarse con el futuro zar Pedro III, un hombre débil y excéntrico que no mostraba el menor interés por su joven esposa. Catalina pronto descubrió que su matrimonio sería una farsa y que si quería sobrevivir en la corte rusa, debía forjar su propio camino. "No nací rusa, pero me convertí en una", escribió en sus memorias, reflejando su determinación de dominar la cultura y la política de su nuevo hogar y reino.

Desde el principio, su vida matrimonial fue infeliz. Pedro III la ignoraba y se rumoreaba que no consumaron el matrimonio durante años. Mientras su esposo pasaba el tiempo jugando con soldados de juguete y bebiendo en exceso, Catalina encontró consuelo en los brazos de otros hombres. Su primer amante conocido fue Serguéi Saltykov, un aristócrata ruso que, según se dice, pudo haber sido el verdadero padre de su hijo mayor, el futuro zar Pablo I. Este sería solo el comienzo de una larga lista de amantes que marcaron su vida y su reinado. En 1762, Catalina dio un golpe de Estado con el apoyo de la Guardia Imperial y derrocó a su esposo, quien murió poco después en circunstancias sospechosas. Desde ese momento, se convirtió en emperatriz de Rusia, iniciando un reinado de más de tres décadas en el que consolidó su poder, expandió el Imperio y se rodeó de amantes jóvenes que no solo satisfacían sus deseos, sino que también jugaban un papel político clave.

A diferencia de muchas monarcas de su época, Catalina no veía a sus amantes como simples compañeros de placer, sino como aliados estratégicos. Entre ellos, el más influyente fue Grigori Potemkin, con quien mantuvo una intensa relación tanto sentimental como política. Potemkin fue su consejero más leal y un brillante estratega militar que ayudó a expandir las fronteras de Rusia. Se cree que Catalina y Potemkin pudieron haberse casado en secreto, aunque nunca hubo una confirmación oficial. Otro de sus favoritos fue Stanisław Poniatowski, un noble polaco a quien Catalina ayudó a convertir en rey de Polonia. Aunque su relación terminó, siguió manteniendo una estrecha amistad, y Catalina continuó interviniendo en los asuntos polacos hasta la disolución del reino.

Con el paso de los años, la zarina se rodeó de jóvenes amantes que eran elegidos y preparados específicamente para satisfacer sus necesidades. La historiografía ha señalado que mantenía un "sistema" de amantes, en el que los favoritos eran generosamente recompensados con títulos, tierras y riquezas. Uno de los más célebres fue Platon Zúbov, un joven cuarenta años menor que ella, quien se convirtió en su último gran amor y en uno de los hombres más poderosos de Rusia.

Tras su muerte en 1796, comenzó a circular una de las leyendas más infames de la historia: que Catalina había fallecido mientras intentaba mantener relaciones con un caballo. Aunque esta historia o ha sido comprobada históricamente, refleja hasta qué punto la imagen de Catalina como una mujer de apetitos desbordados fascinó y escandalizó a sus contemporáneos. La verdad es que la poderosa zarina murió de un derrame cerebral en el Palacio de Invierno, después de una vida dedicada al poder y al placer. A pesar de los intentos por reducir su legado a los escándalos de su vida sexual, Catalina la Grande sigue siendo recordada como una de las monarcas más brillantes de Europa.

Fue una reformadora ilustrada que modernizó Rusia, promovió la educación y el arte, y expandió el imperio con una visión que pocos gobernantes de su tiempo tuvieron. Como ella misma escribió: "Si no puedo ser amada, seré temida".

12. Paulina Bonaparte (1780-1825): La hermana de Napoleón y su vida libertina

Paulina Bonaparte fue una de las mujeres más escandalosas y fascinantes del Imperio Napoleónico. Hermana favorita de Napoleón, su vida estuvo marcada por el lujo, los excesos y una insaciable búsqueda del placer y la sensualidad. Su belleza era legendaria, su actitud desinhibida escandalizaba a la corte, y sus aventuras amorosas se convirtieron en parte del folclore de la época. Mientras su hermano conquistaba Europa con ejércitos, ella lo hacía con su encanto y su libertinaje, desafiando todas las normas sociales del siglo XIX.

Nació en 1780 en Córcega como María Paola Buonaparte, pero tras la llegada al poder de su hermano Napoleón, su nombre se transformó en Pauline Bonaparte, símbolo de la nueva aristocracia imperial. Desde joven, mostró una personalidad caprichosa y apasionada. Su madre intentó educarla con la misma disciplina que a sus hermanos, pero Paulina siempre fue rebelde y difícil de dominar. Napoleón la adoraba, pero también intentó controlar su vida amorosa, algo que resultó imposible.

Su primera gran historia de amor fue con el general Víctor-Emmanuel Leclerc, con quien Napoleón la obligó a casarse en 1797 para frenar su conducta desenfrenada. Paulina aceptó el matrimonio con desgana y, aunque su esposo era un hombre distinguido, nunca dejó de buscar la compañía de otros caballeros. En 1801, Leclerc fue enviado a Haití para sofocar una rebelión, y Paulina lo acompañó a regañadientes. Allí vivió en medio de lujos exóticos, pero también de peligro y enfermedad. Cuando su marido murió de fiebre amarilla en 1802, Paulina regresó a Francia cargada de riquezas y con una reputación aún más escandalosa que antes.

Luego de enviudar, Paulina no tardó en encontrar un nuevo esposo, Camillo Borghese, un aristócrata italiano de una de las familias más ricas de Roma. Napoleón permitió la unión porque fortaleció su influencia en Italia, pero el matrimonio fue un desastre. Camillo era serio y tradicional, todo lo contrario que la impulsiva Paulina. Poco después de la boda, comenzaron los rumores de infidelidades. Se decía que Paulina tenía amantes en cada ciudad por la que pasaba, desde oficiales franceses hasta artistas y diplomáticos. Pero si algo la inmortalizó en la historia fue su famoso desnudo en mármol. En 1808, el escultor Antonio Canova la retrató en una de las esculturas más célebres del neoclasicismo, "Venus Victrix", donde Paulina aparece semidesnuda, recostada como una diosa del placer. Se dice que, cuando le preguntaron cómo había soportado posar sin ropa durante tanto tiempo, ella respondió con desparpajo: "¿Por qué no? El estudio estaba bien calefaccionado".

La alta sociedad romana quedó horrorizada al ver a una princesa Borghese retratada en una pose tan sensual. Sin embargo, a Paulina no le importaban las críticas. Disfrutaba de su fama y se complacía en provocar. Era conocida por organizar reuniones privadas en las que, según los rumores, se entregaba a juegos amorosos con varios amantes a la vez. Napoleón, a pesar de su amor fraternal, se enfurecía con sus constantes indiscreciones y trató en vano de imponerle límites. En cambio, durante el Imperio Napoleónico, Paulina continuó con su vida de excesos. Sus amantes incluían oficiales, príncipes, diplomáticos y hasta simples soldados. Se decía que tenía un apetito sexual insaciable y que no hacía distinción de rango o estatus cuando se trataba de placer. Su criada personal, a quien Napoleón interrogó en un intento de frenar la conducta de su hermana, confesó que Paulina no dormía sola ni una sola noche.

Sin embargo, a pesar de su reputación, fue la única de los hermanos Bonaparte que permaneció leal al emperador hasta el final. Cuando Napoleón fue exiliado en Elba, Paulina vendió algunas de sus joyas para financiar un pequeño ejército y viajó hasta la isla para acompañarlo. "Soy la única que realmente te ama", le dijo en una carta. Mientras el resto de la familia lo abandonó tras su caída, ella nunca dejó de apoyarlo. Tras la derrota definitiva de Napoleón en Waterloo en 1815, Paulina se retiró a Florencia. Su salud comenzó a deteriorarse, en gran parte debido a una vida de excesos. Murió en 1825, a los 45 años, después de padecer una larga enfermedad. En sus últimos años, intentó reconciliarse con la religión, pero nunca perdió su espíritu irreverente. Cuando un sacerdote le sugirió arrepentirse de su vida libertina, ella respondió con una sonrisa: "No puedo arrepentirme de haber amado".

13. LOLA MONTEZ (1821-1861): BAILARINA, CORTESANA Y REVOLUCIONARIA

Lola Montez fue una de las mujeres más enigmáticas, provocadoras y audaces del siglo XIX. Bailarina, cortesana y aventurera. Sedujo a reyes, cautivó a intelectuales y agitó los escenarios europeos con su sensualidad y rebeldía. Desde sus inicios en los teatros hasta su influencia en la política de Baviera, su historia es la de una mujer que desafió las normas de su tiempo y se convirtió en un símbolo de independencia.

Nació en 1821 como Eliza Rosanna Gilbert en Irlanda, pero desde joven se reinventó bajo el nombre de Lola Montez, haciéndose pasar por una exótica bailarina española. Su origen aristocrático era modesto, pero su ambición y carisma la llevaron a construir un personaje que fascinó a las élites de Europa. "No era española, pero bailaba como si hubiera nacido en Andalucía", escribió un cronista de la época.

Desde sus primeros años, Lola mostró un temperamento fuerte e indomable. Su madre intentó casarla con un oficial británico, pero ella se rebeló y escapó a la India con un amante. Más tarde, tras un breve matrimonio fallido, decidió forjar una nueva identidad como bailarina de flamenco, aprendiendo los movimientos que la harían famosa. En los escenarios europeos, su espectáculo era más que un simple baile: era una provocación. Su célebre "Danza de la Araña" consistía en moverse de manera sensual, levantando las faldas lo suficiente para insinuar sin mostrar demasiado. Esto generó escándalo y fascinación en igual medida. "El público no sabe si admirarla o condenarla", escribió un crítico de Viena.

Pero su mayor hazaña no se dio en el mundo del espectáculo, sino en la política. En 1846, conquistó el corazón del rey Luis I de Baviera, quien quedó tan prendado de ella y le concedió el título de condesa de Landsfeld y la llenó de riquezas y privilegios. "Nunca una mujer me ha hecho sentir tan vivo", confesó el monarca. Sin embargo, la relación fue un terremoto en la corte bávara. Los ministros la odiaban, el pueblo la veía como una manipuladora extranjera y la nobleza la despreciaba. Su influencia sobre Luis I fue tan profunda que llegó a intervenir muy activamente en la política del reino. Defendió reformas liberales, apoyó la libertad de prensa y ayudó a intelectuales perseguidos. Pero sus enemigos no tardaron en reaccionar. En 1848, cuando estallaron las revoluciones en toda Europa, Baviera se sumió en el caos y Lola fue el blanco de la ira popular. Su casa fue atacada por una turba enfurecida y tuvo que huir disfrazada. Poco después, Luis I abdicó, perdiendo su trono.

Tras su exilio en Baviera, Lola continuó su vida de aventuras. Recorrió Europa, reinventándose una vez más. En Londres, fue arrestada por agredir a un periodista que la había insultado. En París, se rodeó de artistas y escritores, entre ellos Alexandre Dumas, quien la describió como "un huracán con faldas". En Nueva York, protagonizó espectáculos en los que relataba sus escándalos con humor y dramatismo. Finalmente, se trasladó a California durante la fiebre del oro, donde trabajó como actriz y conferenciante. Su fama seguía intacta, y su historia cautivaba a quienes la escuchaban. Pero el ritmo frenético de su vida la debilitó. En 1861, a los 39 años, enfermó gravemente y murió en la pobreza, sin la gloria ni la fortuna que había conocido en Europa.

Lola Montez fue una mujer que vivió sin miedo. Su historia es la de alguien que nunca se conformó con el papel que la sociedad le imponía, que usó su belleza, inteligencia y audacia para escribir su propio destino. "Prefiero una vida corta y apasionante a una larga y aburrida", dijo en una ocasión.

14. La Bella Otero (1868-1965): La cortesana más codiciada de la Belle Époque

La Bella Otero fue el gran mito de la Belle Époque, una mujer que deslumbró con su belleza, su talento y su capacidad para seducir a los hombres más poderosos de su tiempo. Desde su humilde infancia en España hasta su consagración en los teatros de París, su vida estuvo rodeada de lujo, excesos y una lista de amantes que incluía reyes, príncipes y millonarios.

Nació en 1868 en un pequeño pueblo de Galicia como Agustina Carolina Otero Iglesias. Su infancia fue dura: creció en la pobreza y sufrió abusos desde temprana edad. A los diez años huyó de su casa y comenzó a trabajar como bailarina en ferias ambulantes. Su talento y su belleza le abrieron camino en el mundo del espectáculo, pero fue en Barcelona donde su destino cambió al conocer a un empresario que la llevó a Francia, donde adoptó el nombre de La Bella Otero.

En París, su ascenso fue fulgurante. Su combinación de gracia española y carisma exótico la convirtió en la estrella de los cabarets y teatros más exclusivos. Se especializó en danzas sensuales que evocaban el folclore español, pero lo que realmente la hizo famosa fue su magnetismo personal. "No es la más bella, pero cuando entra en una habitación, todos los hombres se rinden a sus pies", escribió un cronista.

La lista de sus amantes es impresionante. Se decía que fue amante del rey Eduardo VII de Inglaterra, el káiser Guillermo II de Alemania, el zar Nicolás II de Rusia y el rey Alfonso XIII de España, entre otros. También sedujo a algunos de los hombres más ricos del mundo, banqueros y magnates de la industria. Su capacidad para extraer enormes fortunas de sus admiradores la convirtió en una de las mujeres más ricas de Europa. Pero, su vida también estuvo envuelta en escándalos y tragedias. Se contaban historias sobre duelos entre hombres que se disputaban su amor y sobre millonarios que se arruinaban por ella. Se decía que al menos seis de sus amantes se suicidaron por desesperación tras ser rechazados. "No tengo la culpa si los hombres son tan débiles", dijo alguna vez con indiferencia.

A pesar de su gran fortuna, La Bella Otero no supo administrar sus riquezas. Gastó sin límites en joyas, mansiones y fiestas extravagantes. Con la llegada de la Primera Guerra Mundial, su estrella comenzó a apagarse. Al final de su vida, perdió todo su dinero en los casinos de Montecarlo, donde pasó sus últimos años en la ruina. Murió en 1965, olvidada por el mundo que un día la adoró. En su vejez, solía sentarse en los jardines de Montecarlo, recordando su esplendor y lamentando su destino. "Fui la mujer más deseada de Europa y ahora no soy nada", confesó a un periodista poco antes de morir.

15. WALLIS SIMPSON (1896-1986): LA MUJER QUE HIZO ABDICAR A UN REY

Wallis Simpson provocó la crisis más grande de la monarquía británica en el siglo XX. Su romance con Eduardo VIII, el rey de Inglaterra, escandalizó a la sociedad de su época y llevó al monarca a tomar una decisión sin precedentes: abdicar al trono por amor. Misteriosa, seductora y ambiciosa, su vida estuvo envuelta en rumores, intrigas y un magnetismo que cautivó al hombre más poderoso del Reino Unido.

Nació en 1896 en Pensilvania, Estados Unidos, en una familia de clase media que no podía ofrecerle grandes lujos. Desde joven, mostró una determinación férrea por ascender en la sociedad. A los 20 años, se casó con un oficial de la marina estadounidense, Earl Winfield Spencer Jr., pero el matrimonio fue infeliz debido a la afición de su esposo por la bebida. Tras divorciarse en 1927, se casó con el empresario británico Ernest Simpson, quien la introdujo en los círculos de la alta sociedad europea. Fue en una de esas reuniones exclusivas donde conoció a Eduardo, el entonces príncipe de Gales, en 1931. Desde el primer momento, el heredero al trono quedó fascinado por ella. "No había visto nunca a una mujer como ella", diría más tarde. Wallis era elegante, sofisticada y tenía un carisma que desarmaba a los hombres más poderosos. A pesar de no ser una gran belleza, poseía una personalidad magnética que atraía irresistiblemente a quienes la rodeaban.

Cuando Eduardo ascendió al trono en enero de 1936, su relación con Wallis ya era un secreto a voces. La sociedad británica veía con malos ojos que el nuevo rey estuviera involucrado con una mujer estadounidense y, lo que era aún más escandaloso, dos veces divorciada. La Iglesia de Inglaterra prohibía que una monarca se casara con una mujer divorciada con esposos vivos, lo que puso a Eduardo en una encrucijada: elegir entre el trono o el amor de su vida.

Durante meses, la crisis se intensificó. Los asesores de la corona, el Parlamento y la familia real intentaron persuadirlo de que rompiera con Wallis, pero Eduardo se negó una y otra vez. En un discurso histórico, el 11 de diciembre de 1936, anunció su abdicación con las palabras: "Me ha sido imposible llevar la pesada carga de la responsabilidad y desempeñar mis deberes de rey sin la ayuda y el apoyo de la mujer que amo".

Tras la abdicación, Eduardo recibió el título de duque de Windsor y se casó con Wallis en 1937, en una ceremonia privada en Francia. Desde ese momento, la pareja vivió en el exilio, primero en Francia y luego en Estados Unidos y el Caribe, alejados de la corte británica. Pero, el escándalo que rodeó a Wallis no terminó con la abdicación. Durante la Segunda Guerra Mundial, la pareja fue sospechosa de simpatizar con la Alemania nazi. Se rumoreaba que Adolf Hitler los veía como aliados potenciales y que la Gestapo tenía archivos sobre Wallis con supuestas pruebas de sus inclinaciones políticas. Algunos historiadores han señalado que Eduardo y Wallis fueron utilizados en los juegos de poder de la época, aunque nunca se probaron oficialmente estas acusaciones.

A pesar de vivir en el lujo, Wallis nunca fue completamente aceptada en la alta sociedad británica ni perdonada por la familia real. La reina madre y la reina Isabel II evitaron cualquier tipo de reconciliación con ella. Cuando Eduardo murió en 1972, la duquesa de Windsor quedó aún más aislada. Sus últimos años los pasó en París, enferma y bajo el control de su abogado, quien administraba sus bienes de manera cuestionable. Murió en 1986, a los 89 años, prácticamente sola y sin la admiración que una vez la rodeó. Su entierro en Inglaterra fue discreto, y solo unos pocos miembros de la familia real asistieron. Para algunos, fue una ambiciosa manipuladora que llevó a Eduardo a la ruina; para otros, se trató simplemente de una mujer que supo captar el corazón de un rey y vivir según sus propias reglas. "Al final, tuvo el amor de su vida, pero perdió un imperio", escribió un periodista tras su muerte. Su historia sigue siendo una de las más fascinantes y polémicas del siglo XX.

16. COLETTE (1873-1954): ESCRITORA Y AMANTE SIN ATADURAS

Nació en 1873 en la región de Borgoña, en Francia, como Sidonie-Gabrielle Colette. Criada en un ambiente rural, desde pequeña mostró un carácter indómito y un amor profundo por la naturaleza, los animales y la escritura. Su madre, Sido, fue su gran influencia: una mujer fuerte y poco convencional que le inculcó la idea de que el matrimonio y las normas sociales no debían dictar la vida de una mujer.

A los 20 años, se casó con el escritor y empresario literario Henry Gauthier-Villars, conocido como "Willy", un hombre mayor que ella y de moral más que dudosa. Fue él quien la introdujo en los círculos intelectuales de París, pero también quien explotó su talento sin escrúpulos. Bajo su dirección, Colette escribió la célebre serie de novelas *Claudine*, historias de una joven curiosa y sensual que rompía con los tabúes de la época. Sin embargo, los libros fueron publicados bajo el nombre de Willy, y él se llevó todo el crédito y los beneficios. Cuando Colette finalmente se separó de Willy en 1906, se reinventó. Se convirtió en actriz, bailarina y amante de mujeres y hombres por igual, viviendo intensos romances que escandalizaron a la sociedad parisina. Uno de sus amores más famosos fue la marquesa de Belbeuf, conocida como Missy, con quien compartió una apasionada relación.

En 1907, protagonizó un escándalo mayúsculo al besarse con Missy en el escenario del Moulin Rouge durante una obra de teatro. El incidente provocó una revuelta en el público y la intervención de la policía, pero Colette no se arrepintió. "El placer no necesita permiso", escribió más tarde.

Su vida amorosa fue tan variada como su literatura. Tuvo relaciones con hombres influyentes como el diplomático Henry de Jouvenel, con quien se casó en 1912, aunque el matrimonio no la detuvo en sus exploraciones sentimentales. En un giro aún más atrevido, tuvo una relación con el hijo adolescente de su esposo, Bertrand, algo que la sociedad de la época jamás perdonó. Su segundo matrimonio terminó en divorcio, pero Colette nunca dejó de vivir según sus propias reglas. En sus libros, exploró la sensualidad femenina con una libertad que pocas escritoras se habían atrevido a plasmar. Obras como *Chéri* y *Gigi* (que más tarde serían llevadas al cine) abordan temas como el deseo, la diferencia de edad en el amor y la independencia de la mujer en un mundo dominado por los hombres. Su estilo, lleno de detalles sensoriales y una prosa envolvente, convirtió sus novelas en referentes de la literatura erótica y psicológica.

En 1935, encontró cierta estabilidad emocional con su tercer esposo, Maurice Goudeket, un comerciante de perlas judío que la acompañó hasta el final de su vida. Durante la Segunda Guerra Mundial, cuando los nazis ocuparon Francia, Colette, a pesar de su frágil salud, hizo todo lo posible para proteger a Maurice de la persecución antisemita. Los últimos años de su vida los pasaron en su apartamento en el Palais-Royal de París. Recibió numerosos honores, aunque la Academia Francesa se negó a admitirla entre sus miembros por considerarla demasiado escandalosa. En 1954, murió a los 81 años. Fue la primera mujer en recibir un funeral de Estado en Francia, aunque la Iglesia se negó a celebrar una ceremonia religiosa debido a su vida poco convencional. "Nunca quise ser un ejemplo, solo ser yo misma", escribió. Y lo fue: una escritora brillante, una mujer que amaba con intensidad y una pionera en la lucha por la libertad femenina.

17. Anaïs Nin (1903-1977): El deseo hecho literatura

Anaïs Nin fue una mujer que convirtió el deseo en palabras y la literatura en un refugio para sus pasiones más profundas. Escritora, diarista y exploradora del erotismo, su vida estuvo marcada por un incesante viaje hacia la libertad personal y creativa. Su legado no solo reside en su obra literaria, sino en su audaz forma de vivir el amor, el sexo y la identidad femenina, sin ataduras ni remordimientos.

Nació en 1903 en Francia, en una familia de origen cubano y español. Su padre, el pianista Joaquín Nin, abandonó el hogar cuando ella tenía 11 años, un hecho que la marcaría de por vida y que influiría en su compleja relación con la figura masculina. Tras la separación, se trasladó con su madre y sus hermanos a Nueva York, donde comenzó a escribir un diario que mantendría hasta su muerte. "Escribo diarios para darme cuenta de mi propia existencia", confesó en uno de sus volúmenes más célebres.

A los 20 años se casó con Hugh Guiler, un banquero estadounidense que le ofreció estabilidad, pero no la pasión que ella anhelaba. Con él se estableció en París en la década de 1930, donde entró en contacto con los círculos literarios y artísticos más vanguardistas. Fue en esta época cuando conoció al escritor Henry Miller, con quien mantuvo una intensa relación amorosa e intelectual. Henry, casado con la también escritora June Miller, quedó fascinado por Anaïs y su compleja sensibilidad. "Nunca había conocido a una mujer como tú", le escribió en una de sus apasionadas cartas. Su relación, marcada por la creatividad, la experimentación y los celos, se convirtió en una de las historias de amor más fascinantes de la literatura.

Anaïs no solo exploró su deseo a través de sus relaciones sexuales y amorosas, sino también a través de su obra. Durante los años 40 y 50, escribió relatos eróticos por encargo para un misterioso mecenas que le pagaba un dólar por página. Estas historias, recopiladas en libros como *Delta de Venus* y *Pájaros de fuego*, rompieron con la visión tradicional del erotismo, presentando una perspectiva femenina y psicológica del placer. "La sensualidad femenina es distinta a la masculina, es más que solo deseo físico, es un mundo de emociones, recuerdos y sueños", afirmaba.

Además de Miller, Anaïs mantuvo romances con figuras como el psicoanalista Otto Rank, discípulo de Freud, y con el actor Rupert Pole, con quien se casó en secreto en California sin divorciarse de Hugh Guiler. Durante más de 20 años llevó una doble vida, dividiéndose entre la seguridad de su matrimonio en Nueva York y la pasión de su relación con Rupert en la costa oeste. "No puedo ser fiel a un solo hombre porque mi amor es múltiple, es inagotable", escribió en sus diarios.

En la década de 1960, cuando el feminismo y la revolución sexual cobraban fuerza, su obra fue redescubierta y reivindicada como un testimonio de la independencia de la mujer. Sus diarios comenzaron a publicarse y su figura adquirió un aura de misticismo. Jóvenes escritoras la veían como una precursora de la liberación sexual y emocional de su sexo. Sin embargo, su vida no estuvo exenta de polémicas. Su relación incestuosa con su padre, revelada en los volúmenes póstumos de sus diarios, sacudió a críticos y lectores. "El deseo no tiene moral", escribió, defendiendo su derecho a explorar su propia psique sin censuras ni arrepentimientos.

Murió en 1977 a causa de un cáncer, dejando un legado literario que trasciende la literatura erótica para convertirse en un manifiesto de la libertad creativa y personal. Sus diarios, publicados en varios volúmenes, siguen siendo una fuente de inspiración para quienes buscan comprender el deseo en su forma más pura. Anaïs Nin no solo escribió sobre el deseo, sino que lo vivió con una intensidad que desafió todas las normas de su tiempo. Su vida fue una obra de arte en sí misma, una búsqueda incesante de placer, amor y autoconocimiento. "No veo el deseo como algo prohibido, sino como la esencia de la vida", escribió. Y con esa filosofía, dejó una huella indeleble en la historia de la literatura y el erotismo.

18. Zelda Fitzgerald (1900-1948): Entre la pasión, la locura y el arte

Zelda Fitzgerald fue una mujer que vivió en el límite entre la genialidad y la tragedia, entre el amor desenfrenado y la autodestrucción. Musa, escritora, bailarina y artista, su nombre quedó inmortalizado como el de la esposa del célebre escritor F. Scott Fitzgerald, pero su historia es mucho más que la de una simple musa de la Generación Perdida. Fue una mujer apasionada, talentosa y rebelde que luchó por su identidad en una época que no estaba preparada para mujeres pioneras como ella.

Nació en 1900 en Montgomery, Alabama, en una familia acomodada del sur de Estados Unidos. Desde pequeña mostró un carácter indómito y desafió las expectativas de la sociedad sureña. Era hermosa, encantadora y audaz, y desde su adolescencia se convirtió en el centro de atención en los bailes y eventos sociales. "Quiero ser famosa y bailarina y escribir y ver el mundo", dijo cuando aún era una niña.

Su vida cambió radicalmente cuando conoció a F. Scott Fitzgerald en 1918, un joven aspirante a escritor que quedó fascinado por su belleza y su espíritu libre. Se enamoraron con una intensidad arrolladora, pero Zelda no aceptó casarse con él hasta que Scott demostró que podía darle la vida de lujo que ella deseaba. Cuando la primera novela de Scott, *A este lado del paraíso*, se convirtió en un éxito en 1920, Zelda aceptó su propuesta y se casaron, convirtiéndose en la pareja más famosa y escandalosa de la década. Los Fitzgerald personificaron el glamour de los años 20: fiestas interminables, excesos, alcohol y una relación tempestuosa que oscilaba entre la pasión y la destrucción. Zelda era la protagonista de la escena social de Nueva York y París, la mujer que deslumbraba a todos con su carisma y su irreverencia. Sin embargo, detrás de la imagen de la *flapper* perfecta, había una mujer que luchaba por su propio espacio.

Desde el inicio de su matrimonio, Zelda sintió que su talento quedaba eclipsado por el de su esposo. Comenzó a escribir relatos y artículos, pero Scott insistía en que él era el único escritor de la familia. De hecho, utilizó fragmentos de los diarios de Zelda en sus novelas sin darle crédito. "Creo que todo lo que hemos escrito, lo hemos escrito juntos", le dijo Zelda en una carta, consciente de que su vida se había convertido en el material de las obras de Scott.

A medida que los años pasaban, su relación se volvió más tóxica. Zelda comenzó a explorar otras formas de expresión artística: estudió ballet con la esperanza de convertirse en bailarina profesional y escribió su propia novela, *Resérvame el vals*, publicada en 1932. Sin embargo, Scott la menospreció, acusándola de copiar su estilo y prohibiéndole escribir sobre sus experiencias en común. Para él, Zelda solo debía ser su musa, no su rival.

Paralelamente, la salud mental de Zelda comenzó a deteriorarse. Fue diagnosticada con esquizofrenia (aunque algunos historiadores sugieren que pudo haber sido un trastorno bipolar) y pasó largos periodos en hospitales psiquiátricos. Scott, por su parte, cayó en el alcoholismo, incapaz de manejar el declive de su esposa y su propia carrera. Pese a sus problemas, Zelda nunca dejó de crear. Pintaba, escribía cartas llenas de poesía y desesperación, y luchaba contra el estigma de ser vista solo como "la esposa loca de Fitzgerald". En una de sus cartas escribió: "No quiero vivir en la sombra de nadie, quiero existir por mí misma".

Scott murió en 1940, solo y olvidado en Hollywood, mientras Zelda seguía ingresada en un hospital psiquiátrico. En 1948, un incendio en el sanatorio de Asheville, Carolina del Norte, terminó con su vida. Murió encerrada en una habitación, sin haber logrado la libertad que tanto había anhelado. Zelda Fitzgerald fue más que la musa de un escritor célebre: fue una mujer que desafió las expectativas, que amó con una intensidad devastadora y que luchó por su propia voz en una época que no estaba lista para ella. Su historia es la de una artista incomprendida, atrapada entre el deseo de ser amada y la necesidad de ser libre. "No soy solo una nota al pie en la historia de alguien más", dejó escrito. Y tenía razón.

19. MARILYN MONROE (1926-1962): ÍCONO DE LA SENSUALIDAD Y EL MISTERIO

Marilyn Monroe no solo fue la mujer más deseada de su tiempo, sino una de las figuras más enigmáticas y complejas de la cultura popular. Su imagen de rubia ingenua y sensual la convirtió en un ícono inmortal del cine, pero detrás de la sonrisa perfecta y la mirada seductora se ocultaba una mujer llena de inseguridades, ambiciones frustradas y una constante búsqueda de amor y reconocimiento.

Nació en 1926 como Norma Jeane Mortenson en Los Ángeles, en un hogar lleno de inestabilidad. Su madre, Gladys Baker, sufría de problemas mentales y no pudo hacerse cargo de ella, por lo que la niña pasó su infancia entre orfanatos y familias de acogida. Desde joven, aprendió que la belleza podía ser su salvación. Trabajó como modelo antes de ser descubierta por la industria del cine, donde se reinventó como Marilyn Monroe, cambiando su cabello castaño por un rubio platino y su identidad de niña abandonada por la de una diosa de Hollywood.

Su ascenso fue meteórico. Con películas como *Los caballeros las prefieren rubias*, *Cómo casarse con un millonario* y *La tentación vive arriba*, se convirtió en la fantasía de millones de hombres y en la encarnación del glamour. Sin embargo, lo que el público veía como encanto y espontaneidad era el resultado de una lucha privada constante. Marilyn sufría de ansiedad escénica, tenía dificultades para memorizar guiones y dependía de fármacos para soportar la presión del estrellato. "Hollywood es un lugar donde te pagan mil dólares por un beso y cincuenta centavos por tu alma", dijo alguna vez, reflejando su desencanto con la industria que la convirtió en un mito.

Se casó tres veces: primero con James Dougherty, un oficial de la marina que no entendió su deseo de ser actriz; luego con el famoso beisbolista Joe DiMaggio, cuyo amor celoso se tornó en una obsesión que terminó en divorcio; y finalmente con el dramaturgo Arthur Miller, quien la veía como una musa, pero que también la decepcionó al no comprender la fragilidad emocional que se escondía detrás de su imagen pública. Marilyn anhelaba ser tomada en serio como actriz, pero la industria solo la veía como un símbolo sexual. Para demostrar su talento, estudió interpretación en el Actors Studio de Lee Strasberg y sorprendió con su actuación en *Bus Stop* y *Vidas rebeldes*, su última película. Sin embargo, sus problemas personales y su dependencia de los barbitúricos comenzaron a afectar su carrera.

Su vida estuvo rodeada de rumores y escándalos. Su supuesta relación con John F. Kennedy y su hermano Robert ha sido objeto de innumerables especulaciones. Se dice que sabía demasiado sobre los secretos de la Casa Blanca y que su muerte, oficialmente declarada como suicidio por sobredosis en 1962, pudo haber sido el resultado de una conspiración. La imagen de Marilyn desnuda en su cama, con el teléfono descolgado, se convirtió en la última escena trágica de una vida que oscilaba entre el deseo y la desesperación. Más allá del mito, Marilyn Monroe sigue siendo un enigma. Fue la encarnación del deseo, pero también de la vulnerabilidad. En sus diarios dejó escrito: "Soy buena, pero no un ángel. Pecadora, pero no el diablo. Solo soy una pequeña chica en un gran mundo que busca encontrar a alguien que la ame".

Su legado trasciende el cine: es el símbolo de la mujer atrapada entre su imagen pública y su ser más íntimo, entre el placer que despertaba en otros y el vacío que la consumía. Marilyn fue y sigue siendo el mayor ícono de la sensualidad, pero también el recordatorio de que, detrás de la belleza más perfecta, puede esconderse un abismo insondable.

20. Sylvia Plath (1932-1963): Obsesión, deseo y autodestrucción

Sylvia Plath fue una de las voces más intensas y desgarradoras de la literatura del siglo XX. Su poesía, marcada por la obsesión, la pasión y la angustia existencial, reveló las sombras más profundas del deseo, la autodestrucción y la lucha interna de una mujer atrapada entre la genialidad y el sufrimiento. Más allá de ser una de los poetas fundamentales de su generación, su vida estuvo atravesada por un fuego incontrolable, una búsqueda incesante de amor, reconocimiento y un lugar en el mundo.

Nació en 1932 en Boston, Massachusetts. Desde niña mostró un talento excepcional para la escritura, pero también una profunda sensibilidad que la hacía vulnerable a la depresión. La muerte de su padre cuando tenía ocho años la marcó para siempre, convirtiéndose en un tema recurrente en su obra. En uno de sus poemas más conocidos, "Daddy", lo describió como "un dios fascista" y "un hombre de negro con un zapato que aplasta al débil".

Desde joven, Sylvia se sintió dividida entre su deseo de destacar y el miedo al fracaso. Obtuvo una beca para estudiar en el Smith College, donde brilló académicamente, pero detrás de su éxito se ocultaba una angustia creciente. En 1953, tras una serie de decepciones personales y una presión insoportable, intentó suicidarse por primera vez ingiriendo pastillas y escondiéndose en el sótano de su casa. Su desaparición causó revuelo y, tras ser encontrada, pasó meses en tratamiento psiquiátrico, experiencia que más tarde plasmaría en su única novela, *La campana de cristal*.

Tras recuperarse, viajó a Inglaterra, donde conoció al poeta Ted Hughes. Su relación fue intensa, apasionada y marcada por la admiración mutua. Se casaron en 1956 y pronto se convirtió en una de las parejas más icónicas de la literatura contemporánea. Pero lo que comenzó como un idilio literario se transformó en un matrimonio turbulento, lleno de celos, infidelidades y tensiones. "Si el amor no es esto, ¿qué es entonces?", escribió en una de sus cartas, reflejando su obsesión por Hughes, quien pronto comenzó a distanciarse de ella y a evadirla. La maternidad y la vida doméstica no calmaron su espíritu inquieto. Aunque tuvo dos hijos, la sensación de aislamiento y el deterioro de su relación con Hughes la sumieron en una nueva crisis. En 1962, descubrió que su marido la engañaba con Assia Wevill, una mujer enigmática y seductora que fascinó a Ted. "Todo lo que amé, lo amé sola", escribiría poco antes de su muerte.

En medio del abandono y la desesperación, Sylvia tuvo un período de producción literaria frenética. Escribió algunos de sus poemas más poderosos, reunidos póstumamente en u poemario

Ariel, donde su dolor y su ira se convirtieron en versos abrasadores. "Lázaro", "Fiebre 40°" y "Amapolas en julio" son testamentos de una mente brillante consumida el dolor y la locura. "Morir es un arte, como todo lo demás. Yo lo hago excepcionalmente bien", escribió en "Lady Lazarus", presagiando su final.

El 11 de febrero de 1963, en pleno invierno londinense, Sylvia Plath se levantó temprano, preparó el desayuno para sus hijos, selló con cinta adhesiva la puerta de su habitación para evitar que el gas llegara hasta ellos, metió la cabeza en el horno y abrió el gas. Tenía 30 años. Su muerte la convirtió en un mito, pero su legado va más allá de la tragedia. Su poesía sigue siendo un grito de rabia, deseo y desesperación, la voz de una mujer que no encajó en los moldes impuestos por su tiempo y que pagó por ello. *La campana de cristal*, publicada poco antes de su muerte, es un relato descarnado sobre la alienación femenina, la presión social y la enfermedad mental, una obra que sigue resonando en generaciones de lectores.

Su historia ha sido reinterpretada y analizada sin cesar. Algunas la ven como una víctima del machismo, otras como un genio incomprendido que se consumió a sí misma en su arte. Para muchos, sigue siendo la encarnación de la artista atormentada, atrapada entre el deseo de ser amada y el impulso de destruirse. "Soy, soy, soy", escribió en su diario. Sylvia Plath no solo dejó una obra monumental, sino un eco que sigue vibrando en cada mujer que lucha por ser escuchada.

21. BRIGITTE BARDOT (N. 1934): BELLEZA, EROTISMO Y REBELDÍA

Brigitte Bardot no solo fue la encarnación del deseo en los años 50 y 60 del siglo XX, sino también un símbolo de rebeldía, independencia y transgresión. Su rostro angelical y su sensualidad despreocupada la convirtieron en la musa de una generación, una mujer que revolucionó la imagen femenina en el cine y en la sociedad. Pero detrás del mito de la femme fatale se esconde una mujer compleja, que rechazó los convencionalismos, desafió a la industria que la idolatraba y transformó su vida en un acto de libertad.

Nació en 1934 en París, en una familia burguesa y conservadora. Desde niña, mostró aptitudes para el arte y la danza, y fue educada bajo una estricta disciplina. Su madre, obsesionada con la perfección, moldeó su imagen con dureza, pero Brigitte, desde muy joven, dejó claro que no estaba hecha para obedecer las normas. "La única cosa a la que fui fiel en mi vida fue a mi instinto", diría años más tarde.

A los 15 años comenzó su carrera como modelo, y su belleza exótica pronto llamó la atención del cine. Fue el director Roger Vadim quien la descubrió y la convirtió en su esposa y musa. Bajo su dirección, protagonizó *Y Dios creó a la mujer* en 1956, una película que desató un escándalo y la convirtió en un ícono mundial. En ella, Bardot encarnaba a una joven libre, provocativa y sin remordimientos, desafiando la moral de la época. Con esta película, el erotismo en el cine adquirió una nueva dimensión, y Bardot se convirtió en la primer *sex symbol* moderna. A partir de ese momento, su imagen fue explotada hasta el exceso. Hollywood la quiso, pero Bardot, en un gesto de desafío, rechazó el sueño americano y se mantuvo fiel al cine europeo. Actuó en películas como *El desprecio*, de Jean-Luc Godard, donde mostró una faceta más introspectiva, y *Viva María!*, donde demostró su talento cómico. Sin embargo, nunca se sintió cómoda con la industria. Odiaba la fama, los paparazzi la asediaban, y su vida privada estaba constantemente expuesta. "He sido prisionera de mi propia imagen", confesó.

Su vida amorosa fue tan agitada como su carrera. Se casó cuatro veces y tuvo romances incontables con actores, músicos y directores. Jean-Louis Trintignant, Serge Gainsbourg, Sami Frey y Gunter Sachs fueron algunos de sus amantes más conocidos. Se decía que tenía un apetito amoroso inagotable, pero Bardot siempre defendió su derecho a vivir el deseo sin culpa ni ataduras. "Soy una mujer libre. Nadie me posee", afirmó.

En los años 70, en un giro inesperado, Brigitte Bardot decidió abandonar el cine en el apogeo de su carrera. Harta de la presión y del vacío que sentía en el mundo del espectáculo, se retiró a una vida más tranquila. "La fama me lo ha dado todo, pero también me lo ha quitado todo", escribió en sus memorias. Desde entonces, se ha dedicado a la defensa de los derechos de los animales, convirtiéndose en una apasionada activista. Creó la Fundación Brigitte Bardot y ha luchado contra la caza de focas, el maltrato animal y la experimentación con animales en laboratorios. Su transformación de *sex symbol* en defensora de los más vulnerables es una de las más radicales en la historia del cine.

Brigitte Bardot sigue siendo un ícono, pero no solo de la belleza, sino de la independencia y la valentía. Su imagen con el cabello despeinado, los labios carnosos y la mirada felina sigue fascinando, pero su mayor legado es haber demostrado que una mujer puede reinventarse cuantas veces quiera. "No tengo arrepentimientos. Mi vida ha sido una locura, pero ha sido mi locura", declaró.

22. Madonna (n. 1958): La revolución del deseo en la música

Madonna no solo redefinió el pop, sino que revolucionó la manera en que el mundo percibe la sexualidad femenina. Desde sus inicios en los años 80, se convirtió en un huracán cultural que desafiaba tabúes, mezclando erotismo, religión y provocación en una fórmula que escandalizaba tanto como fascinaba. Su música, sus videoclips y su actitud desinhibida marcaron un antes y un después en la industria del entretenimiento, estableciendo un modelo de empoderamiento femenino basado sobre el deseo, la ambición y la independencia.

Nació en 1958 en Bay City, Míchigan, en una familia católica de ascendencia italiana. La muerte de su madre cuando tenía solo cinco años dejó una marca imborrable en su vida, y desde pequeña aprendió a usar la rebeldía como mecanismo de supervivencia. En busca de éxito, se mudó a Nueva York con apenas 35 dólares en el bolsillo y comenzó a abrirse camino en el mundo de la música y la danza. "Cuando llegué a Nueva York, fue la primera vez que vi ratas. Y fue también la primera vez que supe que quería dominar el mundo", diría años más tarde.

Su gran salto llegó en 1983 con su álbum debut *Madonna*, que la presentó como una joven vibrante, sensual y con un estilo irreverente. Pero fue con *Like a Virgin* (1984) cuando se convirtió en un fenómeno mundial. Su presentación en los MTV Video Music Awards de ese año, vestida de novia, simulando una seducción en el escenario, fue el primer aviso de que Madonna no estaba dispuesta a seguir las reglas de la industria ni de la moral conservadora. "Soy dura, soy ambiciosa y sé exactamente lo que quiero. Si eso me hace una perra, está bien", declararía en una de sus frases más célebres. Durante los años 80 y 90, Madonna elevó el erotismo a la categoría de arte provocador. Su videoclip *Like a Prayer* (1989), que mostraba cruces en llamas y una historia de amor interracial con referencias religiosas, desató la furia del Vaticano y fue boicoteado por grupos religiosos. Sin embargo, la controversia solo la hizo más conocida y famosa. En 1990, su gira *Blond Ambition* fue aún más provocadora, con coreografías inspiradas en orgías y con Madonna simulando una masturbación en pleno escenario. La Iglesia condenó sus espectáculos como "satánicos", pero la cantante respondió con ironía: "Jesús también era un rebelde".

En 1992, llevó su exploración del deseo a otro nivel con el lanzamiento de *Erótica*, un álbum acompañado por el libro *Sex*, una obra llena de fotografías explícitas en las que se mostraba dominatrix, bisexual, exhibicionista y provocadora sin censura. Para algunos, fue un acto de libertad; para otros, una provocación innecesaria. Madonna rompía con la imagen de la mujer como objeto de deseo y la transformaba en una figura activa, dueña de su cuerpo y su placer.

Su vida amorosa ha sido tan mediática como su carrera. Se casó con Sean Penn en los 80 y con el director Guy Ritchie en los 2000, pero sus relaciones más famosas han sido sus numerosos romances con modelos, bailarinas y artistas. Nunca ha permitido que la etiqueten y definan por sus parejas, y siempre ha sido clara sobre su independencia emocional y sexual. "No quiero que un hombre me complete, quiero que me acompañe en la aventura", dijo en una entrevista.

Madonna no solo desafió los límites del erotismo en la música, sino que también rompió las barreras de la edad y del sexo. Mientras otras estrellas femeninas desaparecían al envejecer, ella siguió reinventándose. En 2003, besó a Britney Spears y Christina Aguilera en los MTV Video Music Awards, demostrando que seguía dominando la provocación. En 2015, con casi 60 años, lanzó *Rebel Heart* con letras específicas sobre deseo y poder, y continuó desafiando la percepción de la feminidad en la industria musical. Más allá de la provocación, Madonna abrió el camino para generaciones de artistas femeninas que encontraron en ella un modelo de libertad. Sin su influencia, figuras como Lady Gaga, Rihanna o Beyoncé no habrían tenido la misma facilidad para expresar su sensualidad en la música.

Hoy, Madonna sigue siendo una figura imparable, polémica y fascinante. Ha vendido más de 300 millones de discos, ha ganado innumerables premios y ha creado un legado que va mucho más allá del pop: es el símbolo de la mujer que no se disculpa por su deseo, que se reinventa constantemente y que no tiene miedo de desafiar las normas.

23. CATHERINE DENEUVE (N. 1943): MUSA DEL EROTISMO Y EL CINE PROVOCADOR

Catherine Deneuve es una de las actrices más icónicas del cine europeo, una musa del erotismo y la sofisticación que ha sabido desafiar las normas con una sensualidad enigmática y un talento indiscutible. Desde su debut en los años 60, ha encarnado a mujeres frías, misteriosas y deseadas, convirtiéndose en un símbolo de la feminidad elegante, pero también en una figura que exploró el deseo con una libertad inusual para su época. Su belleza inalcanzable, combinada con su capacidad para encarnar personajes provocadores y transgresores, la convirtió en un mito del cine.

Nació en París en 1943 en una familia de artistas, lo que la llevó naturalmente al mundo del cine. Su primer gran papel llegó en *Los paraguas de Cherburgo* (1964), un musical melancólico que la convirtió en la nueva cara del cine francés. Pero su consagración como musa del erotismo llegó con *Belle de jour* (1967), de Luis Buñuel, donde interpretó a una mujer burguesa que, insatisfecha con su vida marital, comienza a trabajar en un burdel de lujo durante las tardes. Su interpretación de Séverine, fría por fuera pero consumida por fantasías secretas, rompió tabúes y la convirtió en un ícono del deseo reprimido. "Deneuve no solo actuó en *Belle de jour*, ella se convirtió en la encarnación de la mujer inalcanzable", dijo Buñuel.

A diferencia de otras actrices que se transformaron en símbolos sexuales, Deneuve nunca fue vulgar ni obvia. Su erotismo estaba en la insinuación, en las miradas contenidas y en la ambigüedad de sus personajes. En *Tristana* (1970), también con Buñuel, exploró el poder y la manipulación en el deseo, mientras que en *El último metro* (1980) de François Truffaut mostró una sensualidad madura y compleja. Uno de sus papeles más recordados es el de la vampiresa bisexual en *El ansia* (1983), donde compartió una de las escenas más sensuales del cine con Susan Sarandon. La película se convirtió en un clásico del erotismo gótico y consolidó la imagen de Deneuve como una mujer que desafía las normas del deseo.

En su vida privada, Catherine Deneuve ha sido tan enigmática como en sus películas. Ha mantenido relaciones con algunos de los hombres más deseados de su tiempo, como Marcello Mastroianni y David Bailey, pero siempre ha evitado convertirse en una figura mediática. "El misterio es la clave del deseo", ha dicho en múltiples entrevistas, manteniendo intacta su aura de inalcanzable. A pesar de ser un símbolo del erotismo, Deneuve nunca permitió que la encasillaran. Ha trabajado con los mejores directores del cine francés y ha construido una carrera basada sobre la calidad, no en la provocación gratuita. En 1992, en *Indochina*, interpretó a una mujer madura que vive un romance con un hombre más joven en plena colonización francesa. Su actuación le valió el premio César y reafirmó su lugar como la gran dama del cine francés.

Más allá del cine, Deneuve ha sido una defensora del derecho de las mujeres a vivir su sexualidad sin culpa. En 2018, firmó una carta en la que criticaba el "puritanismo" del movimiento #MeToo, argumentando que el deseo no debe ser censurado ni castigado. Sus palabras generaron polémica, pero demostraron que sigue siendo una mujer que no tiene miedo de desafiar las normas. A sus 80 años, Catherine Deneuve sigue siendo un mito viviente. No solo por su belleza, sino por su inteligencia, su talento y su capacidad para encarnar a mujeres complejas, deseadas y siempre un paso adelante de quienes intentan descifrarla. "No soy un objeto de deseo, soy la dueña de mi propio misterio", dijo una vez. Y ese misterio es precisamente lo que la ha convertido en la musa eterna del cine provocador.

24. Pamela Des Barres (n. 1948): La *groupie* más famosa de la historia

Pamela Des Barres no solo fue la *groupie* más famosa de la historia del rock, sino que convirtió su vida en un testimonio del deseo, la pasión y la libertad sexual de una generación. Su nombre está ligado a las mayores leyendas del rock de los años 60 y 70, pero a diferencia de otras que quedaron en el anonimato, ella decidió contar su historia con una honestidad sin precedentes. A través de sus memorias, reveló los secretos de una era en la que la música, el sexo y la rebeldía iban de la mano, desafiando el estigma que tradicionalmente ha acompañado a las mujeres que viven su sexualidad sin culpa.

Nació en 1948 en California, en una familia de clase media. Desde pequeña, sintió una atracción incontrolable por la música y los escenarios. Su adolescencia estuvo marcada por la fiebre del rock, la psicodelia y la revolución cultural de los años 60. Inspirada por su amor a la música, comenzó a frecuentar los clubes más emblemáticos de Los Ángeles, donde conoció a las mayores estrellas del momento. Pamela se convirtió en miembro de *The GTOs* (*Girls Together Outrageously*), un grupo de chicas excéntricas que fueron apadrinadas por Frank Zappa y que mezclaban performance, teatro y música en un espectáculo que era tan provocador como surrealista. Pero su verdadero papel en la historia del rock fue el de musa y amante de algunos de los músicos más influyentes de la época. Entre sus romances estuvieron Jim Morrison, Mick Jagger, Jimmy Page, Keith Moon, Waylon Jennings y Frank Zappa, entre otros. Pero más que simples aventuras, Pamela vivió cada relación como una experiencia artística y espiritual. "Yo no era solo una chica que se acostaba con estrellas de rock, yo las inspiraba", escribió en sus memorias. Su relación con Jimmy Page, guitarrista de Led Zeppelin, fue una de las más intensas y le mostró el lado más oscuro de la fama: los celos, la posesión y la lucha por mantener una identidad propia en un mundo dominado por los hombres.

En 1987, Pamela publicó su libro *I'm with the Band,* una autobiografía que se convirtió en un clásico instantáneo y redefinió la imagen de la groupie. A diferencia de la narrativa convencional que retrataba a estas mujeres como simples objetos de deseo, ella se presentó como una protagonista activa de la revolución cultural de su tiempo. "Ser groupie no significa ser una mujer fácil, significa amar la música con todo tu ser", explicó en una entrevista. Su libro fue un éxito, pero también un escándalo. Muchos no estaban preparados para una mujer que hablaba abiertamente de su sexualidad sin arrepentimiento. Sin embargo, Pamela se convirtió en un ícono feminista para muchas generaciones que vieron en ella a una mujer que se atrevió a vivir sin miedo al juicio ajeno. En los años siguientes, publicó otros libros como *Take Another Little Piece of My Heart* y *Let's Spend the Night Together,* en los que recopiló historias de otras groupies legendarias, demostrando que la sexualidad femenina en el rock no debía ser vista como un tema vergonzoso, sino como parte del fenómeno cultural que definió una época.

A lo largo de su vida, Pamela ha defendido su derecho a vivir el placer sin culpa. Ha dado conferencias, ha trabajado como periodista musical y ha continuado desafiando la imagen de la mujer en el rock. A diferencia de muchas de sus contemporáneas, que fueron olvidadas o quedaron atrapadas en la nostalgia, ella supo reinventarse. Todavía sigue siendo una figura irreverente y provocadora, recordándonos que la historia del rock no se escribió solo en los escenarios, sino también en los camerinos, en las carreteras y en las vidas de mujeres que, como ella, se atrevieron a vivir el deseo sin pedir permiso. "Si ser groupie es amar sin límites, entonces lo fui, lo soy y lo seré siempre", escribió.

25. ANGELINA JOLIE (N. 1975): BELLEZA, PODER Y UNA VIDA DE EXCESOS

Angelina Jolie no es solo una de las actrices más icónicas de Hollywood, sino también un símbolo de poder, sensualidad y transgresión. Su vida ha estado marcada por la dualidad: de musa del deseo a madre ejemplar, de rebelde indomable a activista humanitaria, de estrella de excesos a embajadora de causas globales. Desde su juventud llena de escándalos hasta su reinvención como una de las mujeres más influyentes del mundo, Jolie ha demostrado que la belleza y el poder pueden ir de la mano sin someterse a las reglas establecidas.

Nació en 1975 en Los Ángeles, hija del actor Jon Voight y la modelo Marcheline Bertrand. Desde pequeña, mostró una personalidad intensa y una fascinación por lo extremo. Criada entre los lujos de Hollywood, pero con una infancia marcada por la ausencia de su padre, Angelina creció con una necesidad constante de afirmación y un espíritu de desafío. "Siempre sentí que era diferente, que no encajaba", confesó en una entrevista. Su carrera despegó en los años 90 con películas como *Hackers* y *Gia*, donde su magnetismo en pantalla y su estilo desenfadado la convirtieron en un ícono instantáneo. Pero fue con *Inocencia interrumpida* (1999) cuando su talento recibió reconocimiento mundial, ganando el Oscar a Mejor Actriz de Reparto. Su interpretación de una joven carismática y peligrosa en un hospital psiquiátrico reflejaba mucho de su propia vida: impulsiva, intensa y sin miedo a la autodestrucción.

Durante su juventud, Jolie fue un torbellino de excesos. Habló abiertamente de su atracción por el peligro, su fascinación por la muerte y sus experiencias con drogas. Se casó con el actor británico Jonny Lee Miller en 1996, vistiendo pantalones de cuero negro y una camiseta con su nombre escrito en sangre. Luego, en 2000, se casó con Billy Bob Thornton, con quien protagonizó una de las relaciones más escandalosas de Hollywood. Ambos llevaban collares con la sangre del otro y hablaban sin tapujos sobre su vida sexual. "No hay un solo lugar donde no lo hayamos hecho", confesó en una ocasión.

Pero Angelina no tardó en transformarse. En 2002 adoptó a su primer hijo, Maddox, en Camboya, lo que marcó el inicio de su faceta como madre y activista. Con el tiempo, adoptó más niños y comenzó a trabajar con la ONU en misiones humanitarias, redefiniendo su imagen pública. A pesar de que su belleza seguía siendo objeto de fascinación, ahora era también una mujer con un propósito. En 2005, su relación con Brad Pitt la convirtió en la protagonista del mayor escándalo de la década. Se conocieron en el rodaje de *Sr. y Sra. Smith*, cuando él aún estaba casado con Jennifer Aniston. Aunque Jolie negó haber sido la causa del divorcio, la prensa construyó la narrativa de "la *femme fatale* que destruyó el matrimonio perfecto". Pero el escándalo solo aumentó su magnetismo. Con Pitt, formó la pareja más mediática de Hollywood y adoptaron juntos a Zahara y Pax, además de tener tres hijos biológicos.

Jolie combinó su vida familiar con su carrera y su activismo. Dirigió películas, luchó contra la violencia sexual en zonas de guerra y se sometió a una doble mastectomía en 2013 como medida preventiva contra el cáncer de mama. Su decisión fue aplaudida y la consolidó como una mujer que desafiaba los estereotipos de belleza para priorizar su salud y su mensaje. Sin embargo, su vida no dejó de ser turbulenta. En 2016, su divorcio de Brad Pitt fue un escándalo que reveló un matrimonio plagado de tensiones. Las batallas legales por la custodia de sus hijos y las acusaciones de abuso contra Pitt mancharon la imagen de la pareja dorada de Hollywood.

Angelina Jolie sigue siendo una figura imponente: actriz, directora, madre, activista y una de las mujeres más influyentes del mundo. Ha vivido sin miedo al qué dirán, ha amado con intensidad y ha construido su propio imperio sin pedir permiso. Su vida ha sido un constante juego entre la luz y la oscuridad, entre el deseo y el deber, entre la pasión y la responsabilidad. "Soy salvaje por naturaleza, pero tengo la capacidad de amar profundamente", dijo una vez.

Parte II: Ninfómanas del arte y la literatura

26. Helena de Troya: La mujer que provocó la guerra más legendaria de la antigüedad

Helena de Troya, la mujer cuyo rostro "lanzó mil naves" al combate, es quizá el primer gran símbolo del deseo en la literatura occidental. Su historia, narrada en *La Ilíada* de Homero, es un relato de belleza irresistible, pasión desbordante y una sexualidad que desató la guerra más legendaria de la antigüedad. Aunque la mitología la presenta como víctima o como seductora, su figura es mucho más compleja: representa el poder que la atracción femenina.

Hija de Zeus y Leda, Helena nació como fruto de una de las muchas aventuras del dios supremo del Olimpo. Según el mito, Zeus se transformó en un cisne para seducir (o violar) a Leda, quien dio a luz a Helena junto con sus hermanos Cástor y Pólux. Desde su nacimiento, su belleza de Helena fue legendaria, considerada un don divino que la haría irresistible para cualquier hombre. Desde joven, Helena fue codiciada por los reyes y príncipes de Grecia. Para evitar conflictos, su padre adoptivo, Tindáreo, hizo que todos los pretendientes juraran respetar la elección de su esposo y defender su matrimonio. Finalmente, fue entregada a Menelao, rey de Esparta, con quien vivió hasta que el príncipe troyano Paris llegó a su vida.

El rapto (o la fuga) de Helena con Paris ha sido motivo de debate durante siglos. Homero insinúa que Helena fue seducida y raptada contra su voluntad, pero otros relatos sugieren que se entregó a Paris por amor o deseo. En *La Ilíada*, Helena expresa culpa y nostalgia por su vida en Esparta, pero también admite la atracción que siente por Paris. "Ojalá la muerte me hubiera alcanzado antes de seguirte", lamenta en un pasaje. Sin embargo, más allá del mito romántico o de la narrativa de la víctima, Helena encarna el arquetipo de la *femme fatale*, la mujer cuya presencia desata pasiones incontrolables y lleva a los hombres a la destrucción. Su magnetismo era tal que se dice que ningún hombre podía resistirse a ella. Algunos autores posteriores han insinuado que su deseo era tan insaciable como su belleza: en la tradición medieval, y luego en el Renacimiento, se la representó como una mujer devoradora de hombres, una figura casi demoníaca cuya lujuria desencadenó una de las guerras más cruentas de la historia.

Su permanencia en Troya no fue la de una prisionera indefensa. Según algunas versiones, Helena tuvo relaciones con varios hombres de la corte troyana y, una vez muerto Paris, tomó como amante a su hermano, Deífobo, a quien luego traicionó cuando la ciudad cayó en manos de los griegos. Eurípides, en su tragedia *Helena*, la presenta como una mujer que nunca estuvo en Troya, sino que su imagen fue una ilusión creada por los dioses, salvándola así de toda culpa. En cambio, la mayoría de los relatos la pintan como una mujer cuya sexualidad era tan poderosa que ningún hombre podía poseerla sin arriesgar su vida o su honor.

El conflicto que desató su relación con Paris no fue menor: la guerra de Troya, que duró diez años y marcó el destino de héroes como Aquiles, Héctor y Ulises. Sin embargo, mientras los hombres se mataban en su nombre, Helena permanecía en la sombra, oscilando entre la culpa y el deseo, entre el remordimiento y la sumisión al destino. Su historia ha sido reinterpretada en innumerables obras a lo largo de los siglos. Los poetas románticos la idealizaron como la máxima representación de la belleza condenada, mientras que en la literatura moderna, autores como Margaret Atwood han cuestionado su papel y le han dado una voz más activa, explorando su sexualidad y su libre albedrío. ¿Fue Helena una ninfómana o simplemente una mujer atrapada en un mundo de hombres? Su belleza, su deseo y su capacidad de provocar la han convertido en un mito inmortal. Su historia sigue fascinando porque encarna una verdad: el deseo femenino ha sido, a lo largo de la historia, tanto un poder como un castigo.

27. Circe: La hechicera que dominaba con el deseo

Circe, la poderosa hechicera de la mitología griega, es una de las figuras femeninas más fascinantes de la literatura antigua. Hija del titán Helios y de la ninfa Perseis, su nombre evoca magia, seducción y un dominio absoluto sobre los hombres a través del deseo. A diferencia de otras mujeres mitológicas que fueron víctimas o trofeos de guerra, Circe representaba el poder femenino en su forma más pura: libre, indomable y capaz de doblegar a los héroes más grandes con su astucia y su sexualidad.

Según *La Odisea* de Homero, Circe vivía en la isla de Eea, un lugar apartado del mundo donde reinaba sobre bestias encantadas. Cuando Ulises y sus hombres llegan a la isla, la hechicera los recibe con una hospitalidad inquietante. Les ofrece un banquete, pero su vino está mezclado con pociones mágicas. Al beberlo, los hombres se transforman en cerdos, quedando atrapados bajo su dominio. Este acto, que en muchos relatos ha sido interpretado como una advertencia sobre el poder de la mujer y su capacidad para "castrar" simbólicamente a los hombres, refuerza la imagen de Circe como un ser temido y deseado. Pero Circe no solo es una hechicera, sino también la encarnación del erotismo desbordado. Su belleza y su magnetismo no tienen igual, y su atracción va más allá de la simple magia: somete a los hombres con su presencia, con su voz, con el misterio de su dominio sobre la naturaleza. No necesita de las armas tradicionales de los mortales; su arte es más sutil y mucho más poderoso. Domina la voluntad masculina, no por la fuerza, sino por la irresistible combinación de placer y peligro que encarna.

Ulises, protegido por un antídoto que le dio Hermes, logra resistir su magia y la confronta. En lugar de castigarlo, Circe se rinde ante su voluntad y lo convierte en su amante. Durante un año, el héroe permanece en su isla, disfrutando los placeres que ella le ofrece. Aquí, Homero sugiere que la hechicera no solo es una dominadora, sino también una amante entregada. "No temas, Ulises, hijo de Laertes, de mente astuta. No quiero hacerte daño", le dice Circe antes de compartir su lecho.

Circe es la antítesis de la mujer sumisa de la mitología: no llora, no ruega, no espera ser rescatada. Por el contrario, es ella quien decide a quién desea y a quién rechaza. Su apetito carnal es insaciable y, a diferencia de otras figuras femeninas que sufren por amor, ella no se doblega ante ningún hombre. Su placer es suyo, su cuerpo le pertenece, y si los dioses le han dado el don de la seducción, lo usa sin remordimientos. Se la ha llegado a describir como una ninfómana mitológica, una diosa del deseo incontrolable, pero quizás sea más justo decir que Circe es una mujer que jamás aceptó las cadenas de la moral impuesta por los hombres.

En algunas versiones del mito, tiene un hijo con Ulises, Telégono, quien más tarde matará accidentalmente a su padre en Ítaca, cerrando un ciclo de destino fatal. Además, en textos posteriores se le atribuyen múltiples amantes, dioses y mortales por igual, siempre bajo sus propios términos. Nunca fue una prisionera de la monogamia ni de los sentimientos. Circe no era solo una bruja: era un arquetipo de la sexualidad femenina sin restricciones, de la mujer que se mueve al margen de las leyes de los hombres y los dioses.

A lo largo de los siglos, su imagen ha evolucionado. En la literatura medieval y renacentista, se la retrató como una bruja peligrosa, un símbolo del deseo femenino como fuerza destructiva. En la literatura moderna, sin embargo, se ha convertido en un ícono de independencia. La novela *Circe* de Madeline Miller la reivindica como una mujer que desafió a los dioses, aprendió a sobrevivir sola y reclamó su poder más allá del deseo masculino. Circe sigue siendo una de las grandes figuras de la mitología porque encarna una paradoja: es tanto la tentación como la liberación, la amante y la hechicera, la mujer que usa el deseo como arma y, al mismo tiempo, la que enseña a los hombres que su poder no se limita a la seducción.

28. Salomé: Seducción y muerte

Salomé es una de las figuras más enigmáticas y provocadoras de la tradición judeocristiana, un símbolo de la seducción letal y del poder femenino convertido en castigo. Su imagen ha evolucionado desde los Evangelios hasta las más audaces interpretaciones artísticas y literarias, transformándose en la encarnación de la mujer que, con su belleza, puede desatar la ruina de los hombres. La historia de Salomé no solo es un relato de lujuria y venganza, sino también una advertencia sobre el peligro de la atracción desmedida.

En los Evangelios de Mateo y Marcos, Salomé es presentada como la hija de Herodías, esposa del rey Herodes Antipas. En una de las fiestas del monarca, la joven baila para él con tal sensualidad que logra embriagarlo de deseo. Herodes, hechizado por su movimiento y su belleza, le promete concederle cualquier cosa que pida. Instigada por su madre, quien odiaba al profeta

Juan el Bautista por condenar su matrimonio con Herodes, Salomé exige su cabeza en una bandeja. Herodes, aunque reticente, cumple la petición. Así, la seducción de Salomé se convierte en un arma mortal, una danza que culmina en la muerte de un hombre sagrado.

El relato bíblico deja en la sombra la verdadera motivación de Salomé. ¿Fue una simple marioneta de su madre, o disfrutó de su poder sobre el rey? Su juventud e irresistible atractivo la convirtieron en el prototipo de la *femme fatale*: la mujer que, consciente de su efecto en los hombres, los manipula hasta la destrucción.

En el siglo XIX, su figura renació con fuerza gracias a la literatura y el arte. *Salomé* (1893), de Oscar Wilde, la transformó en un personaje complejo, consumido por una obsesión erótica con Juan el Bautista. En esta versión, no es solo una joven manipulada, sino una mujer que desea y que se ve rechazada. En la obra de Wilde, Salomé besa la cabeza cortada del profeta en un gesto de amor oscuro y retorcido. "El misterio del amor es más grande que el misterio de la muerte", dice en la pieza, reafirmando su obsesión.

El pintor Gustave Moreau también inmortalizó su imagen en una serie de cuadros, mostrándola como una diosa de la perversión, rodeada de joyas y misticismo. Pero fue en 1905 cuando su imagen quedó sellada en la historia del arte con la ópera *Salomé* de Richard Strauss, basada sobre la obra de Wilde. La famosa *Danza de los Siete Velos* se convirtió en la máxima expresión de su erotismo letal, una coreografía en la que la protagonista se despoja de sus velos en una lenta y calculada entrega al deseo, antes de sellar su destino con la muerte de su amado.

El impacto de Salomé en la cultura occidental es innegable. Su figura ha sido reinterpretada en cine, literatura y arte, desde *Salomé* (1953) con Rita Hayworth hasta películas experimentales que la muestran como un ícono feminista, víctima de un mundo que no permite que una mujer tenga poder sobre su propia sexualidad. ¿Fue Salomé una manipuladora despiadada o una mujer atrapada en un destino que no eligió? Su historia es la de una joven cuyo cuerpo se convierte en moneda de cambio, pero también la de una figura que desestabiliza el orden patriarcal con su simple presencia. Su sensual danza sigue resonando en el tiempo, no solo como un acto de seducción, sino como una advertencia de que el deseo y el poder, cuando se cruzan, pueden ser letales.

29. MANON LESCAUT: PASIÓN Y DESTRUCCIÓN EN LA FRANCIA DEL SIGLO XVIII

Manon Lescaut, la protagonista de la célebre novela homónima del Abate Prévost, es una de las figuras más fascinantes y trágicas de la literatura francesa. Encarnación del deseo incontrolable y del amor fatal, Manon es una mujer que oscila entre la pasión y la ambición, entre la dulzura y la perversidad. Su historia, marcada por la lujuria, la traición y la obsesión, sigue cautivando a lectores y artistas siglos después de su publicación.

Cuando *Manon Lescaut* apareció en 1731 como el séptimo volumen de *Memorias y aventuras de un hombre de calidad*, la sociedad francesa quedó escandalizada. La novela narraba, con una mezcla de sensibilidad y brutalidad, la historia de un amor que no conoce límites morales ni sociales. La censura intentó prohibirla, pero su éxito fue imparable: el público se sintió fascinado por la idea de una mujer que no pertenecía ni a la virtud ni al vicio absoluto, sino que estaba en un limbo donde el deseo lo gobierna todo.

La historia es contada desde el punto de vista del caballero Des Grieux, un joven aristócrata que se enamora perdidamente de Manon desde el primer instante en que la ve. Ella es hermosa, coqueta, encantadora, pero también frívola y voluble. "Nunca he visto una mujer más peligrosa", confiesa Des Grieux en sus memorias, consciente de que su amor por ella lo llevará a la ruina. Desde el inicio, Manon deja claro que su amor está ligado a su deseo de una vida lujosa. Si bien ama a Des Grieux, no puede resistirse a los encantos del dinero y el poder, por lo que se deja seducir por hombres ricos que pueden ofrecerle los placeres que él no podría pagar. Des Grieux, cegado por la pasión, lo sacrifica todo por ella: su honor, su fortuna e incluso su libertad. A lo largo de la novela, los amantes se ven envueltos en una espiral de engaños, huidas, fraudes y encarcelamientos.

La figura de Manon ha sido objeto de múltiples interpretaciones. Para algunos, es una mujer libertina que usa su sexualidad para manipular a los hombres. Para otros, es una víctima de su tiempo, una joven atrapada en una sociedad que le niega la independencia y que debe sobrevivir con las únicas armas que posee: su belleza y su seducción. Su amor por Des Grieux es sincero, pero su naturaleza la lleva constantemente a la autodestrucción. "No soy más que una pobre criatura que no sabe resistirse al placer", dice en un momento de la historia. El desenlace de la novela es tan trágico como inevitable. Acusados de fraude, Manon y Des Grieux son arrestados y ella es deportada a Luisiana, entonces colonia francesa. Des Grieux la sigue hasta América, pero la pobreza y la adversidad terminan consumiéndolos a ambos. Manon muere en sus brazos en pleno desierto, sin riquezas, sin protección y sin la vida de lujos que siempre deseó. Su desenlace no es solo el final de un amor desbordado, sino la consumación de una existencia dominada por el deseo.

La historia de Manon Lescaut ha inspirado innumerables adaptaciones en la ópera y el cine. Compositores como Giacomo Puccini y Jules Massenet transformaron su tragedia en melodías inmortales, mientras que el cine ha recreado su drama en diferentes épocas y estilos. ¿Qué representa Manon? ¿Es una mujer perversa o simplemente una joven que se dejó llevar por la pasión y el deseo? Su legado en la literatura es el de una mujer que, aun en su tragedia, se convirtió en un ícono de la libertad y del placer como motor de la existencia.

30. Madame Bovary: El adulterio como escape a una vida vacía

Emma Bovary es una de las figuras femeninas más emblemáticas de la literatura universal, una mujer atrapada entre el deseo, la ilusión romántica y la frustración de su vida rutinaria. Creada por Gustave Flaubert en su novela *Madame Bovary*, su historia es un retrato descarnado de una mujer que, buscando la pasión y el amor, termina consumida por su propia insatisfacción. Su vida, marcada por el adulterio y la fantasía romántica, la convierte en un ícono del deseo femenino reprimido.

Desde su publicación en 1857, *Madame Bovary* fue un escándalo. La novela incluso sería llevada a juicio por "atentar contra la moral pública", pues retrataba sin censura las aventuras extramatrimoniales de una mujer que desafiaba los valores burgueses. Sin embargo, lo que hizo la historia de Emma tan impactante no fue solo su comportamiento, sino la forma en que Flaubert la construyó: no como una villana o una heroína, sino como un ser humano complejo, con matices, y atrapado en su propio deseo insatisfecho.

Emma Rouault se casa con el doctor Charles Bovary creyendo que el matrimonio le traerá la felicidad y la emoción de los libros románticos que devoró en su juventud. Sin embargo, pronto descubre que la realidad es otra: su esposo es un hombre simple y predecible, incapaz de satisfacer sus ansias de amor apasionado. "¿Acaso no existía en este mundo un ser que pudiera hacerme feliz?", se pregunta. La rutina, la monotonía y la vida provinciana la ahogan, llevándola a fantasear con una existencia más intensa, llena de lujos y emociones arrebatadoras. En su desesperación, Emma busca en el adulterio la pasión que su matrimonio le niega. Primero, se enamora de Rodolphe Boulanger, un seductor experimentado que la hace sentir como la heroína de sus novelas favoritas. Sin embargo, él solo la ve como una aventura pasajera y, cuando ella planea huir con su amado, la abandona sin piedad. Desgarrada por la traición, cae en una profunda depresión, pero no tarda en buscar consuelo en Léon Dupuis, un joven idealista con quien vive una relación marcada por el desenfreno y la clandestinidad.

El deseo de Emma no se limita solo al amor: también busca la belleza, la elegancia y el lujo. Se endeuda comprando vestidos, muebles y objetos sofisticados, intentando llenar con bienes materiales el vacío emocional que la consume. Su búsqueda de placer se vuelve autodestructiva, una carrera desesperada contra la mediocridad de su existencia. Sin embargo, la realidad siempre la alcanza. Cuando sus deudas se vuelven insostenibles y sus amantes la abandonan, Emma se encuentra acorralada. Incapaz de soportar el peso de su fracaso, decide poner fin a su vida ingiriendo arsénico en una de las escenas más crudas y desgarradoras de la literatura. Su muerte no es solo el fin de una mujer desesperada, sino la confirmación de que el mundo no está hecho para los soñadores que no aceptan las reglas impuestas por la sociedad.

La figura de Madame Bovary ha sido objeto de innumerables interpretaciones. Para algunos, es la representación de la insatisfacción femenina en una sociedad que no permitía que las mujeres buscaran la felicidad fuera del matrimonio. Para otros, es un reflejo del vacío existencial que surge cuando la realidad no se ajusta a las expectativas creadas por el idealismo romántico. "Madame Bovary soy yo", declaró Flaubert, dejando claro que su protagonista no es solo una mujer infiel, sino el símbolo de la eterna lucha entre la ilusión y la realidad.

31. ANNA KARÉNINA: AMOR Y DESEO EN LA ALTA SOCIEDAD RUSA

Anna Karénina, la inolvidable protagonista de la novela homónima de León Tolstói, es el epítome de la mujer atrapada entre la pasión y la moralidad, entre el deseo y las reglas inquebrantables de la sociedad. Su historia es la de un amor arrebatador que desafía las convenciones, pero que también la consume hasta la destrucción. Más que un simple relato de adulterio, *Anna Karénina* es un análisis profundo del amor, el deseo y la hipocresía de la alta sociedad rusa del siglo XIX.

Desde el principio, Anna es presentada como una mujer extraordinaria. Hermosa, inteligente y de fuerte carácter, está casada con Alexéi Aleksándrovich Karénin, un hombre mayor, frío y políticamente influyente. Aunque su matrimonio es respetable y estable, Anna no es feliz. La pasión está ausente y la vida en San Petersburgo le resulta vacía. Sin embargo, todo cambia cuando conoce al conde Vronski, un apuesto oficial de la aristocracia. Su encuentro en una estación de tren marca el inicio de un romance tan intenso como trágico. Anna y Vronski se convierten en amantes, desafiando todas las normas sociales. Pero mientras los hombres pueden darse ciertos lujos en cuanto a infidelidades, para una mujer en la Rusia imperial, la traición marital era un pecado imperdonable. A medida que su amor se intensifica, Anna comienza a perderlo todo: su posición social, su reputación y, lo más doloroso, el derecho a ver a su hijo. "Lo único que deseo es ser amada con pasión", confiesa en la novela.

Lo que hace que la historia de Anna sea tan fascinante es que no se limita a un simple triángulo amoroso. Tolstói nos muestra cómo el amor y el deseo pueden ser tanto una fuente de felicidad como un veneno fatal. Anna no es solo una mujer adúltera, sino una persona que se atreve a desafiar el destino que la sociedad ha impuesto sobre ella. Pero a medida que avanza la novela, queda claro que el precio de su libertad es demasiado alto. Mientras que su relación con Vronski comienza con una intensidad casi celestial, poco a poco la obsesión y la inseguridad la consumen. La duda, los celos y el miedo a ser abandonada la llevan a un estado de desesperación. En una de las escenas más memorables de la novela, Anna, ya en un estado de tormento absoluto, se ve a sí misma como una mujer despreciada por todos y sin salida. En su último acto de rebeldía y desesperación, se arroja bajo las ruedas de un tren, en un final que resuena con una violencia simbólica: el mismo tren que representó el inicio de su amor con Vronski se convierte en su verdugo.

La tragedia de Anna Karénina radica en que su historia no es solo la de una mujer condenada por la sociedad, sino también la de alguien que se consume en su propio deseo. La pasión que le da vida es la misma que la destruye. En contraste, Tolstói presenta en la novela la historia de Konstantín Levin y su esposa Kiti, una relación basada sobre el amor sereno y el compromiso, como el ideal opuesto al de Anna.

La figura de Anna ha sido interpretada de múltiples formas a lo largo del tiempo. "Si buscas la perfección, nunca estarás satisfecho", escribe Tolstói, dejando entrever que la tragedia de Anna también es un reflejo de la insatisfacción humana. Su ficción ha sido adaptada en innumerables ocasiones al cine y el teatro, con actrices como Greta Garbo, Vivien Leigh y Keira Knightley dándole vida. Pero ninguna versión ha podido capturar del todo la complejidad de su personaje: una mujer que vivió y amó con una intensidad que el mundo no estaba dispuesto a aceptar. Anna Karénina sigue siendo un símbolo de la eterna lucha entre el amor y la condena social, entre la pasión y la tragedia.

32. Nana: Belleza, poder y deseo en la Francia de Zola

Nana, la protagonista de la novela de Émile Zola, es la encarnación del deseo desenfrenado y del poder que la belleza y la sexualidad pueden otorgar en una sociedad obsesionada con el placer. En la Francia del Segundo Imperio, donde la hipocresía burguesa convivía con los excesos de la alta sociedad, Nana se convierte en una mujer fatal, que domina a los hombres a través de su cuerpo, pero que, al final, es consumida por su propia voracidad. Su historia es la de una ascensión meteórica y una caída trágica, un símbolo de cómo el deseo, cuando no tiene límites, puede destruirlo todo.

Nana hace su primera aparición en *La fortuna de los Rougon,* dentro del ciclo de novelas de los Rougon-Macquart, como una niña criada en los barrios bajos de París. Sin educación ni futuro, su belleza se convierte en su mayor herramienta de supervivencia. En *Nana,* ya transformada en una joven deslumbrante, debuta en el teatro de variedades en el papel de Venus, la diosa del amor. No tiene talento para actuar ni cantar, pero su simple presencia en escena despierta el frenesí del público masculino. Su desnudez y su descaro la convierten en una celebridad de la noche a la mañana. Desde ese momento, Nana entiende que el mundo le pertenece. Con su sensualidad, somete a aristócratas, banqueros y hombres poderosos que caen rendidos a sus pies. Su belleza se es un arma que usa sin remordimientos, explotando los deseos de quienes la rodean. "Los hombres se arruinaban por ella; se destruían por su amor", escribe Zola. Ella no es solo una cortesana, sino un huracán que devora fortunas y prestigios con una facilidad aterradora.

Uno de sus amantes más trágicos es el conde Muffat, un hombre respetable que, tras conocer a Nana, pierde el control sobre su vida. Representante de la moral burguesa, Muffat es seducido y humillado hasta que su devoción lo lleva a la degradación total. Su historia refleja uno de los temas centrales de la novela: la fragilidad de los hombres frente al deseo y la hipocresía de una sociedad que condena a las mujeres como Nana mientras en secreto las venera.

Pero Nana no es solo una figura destructiva. También es un producto de su tiempo, una mujer que usa su cuerpo porque es lo único que la sociedad le ha permitido poseer. No busca la redención ni el amor romántico: vive en un mundo donde todo se compra y se vende, incluido el placer. Sin embargo, su poder es efímero. Con la misma velocidad con la que ascendió, su fortuna comienza a desmoronarse. Sus amantes la abandonan, sus deudas crecen y su esplendor se desvanece. El final de Nana es tan impactante como su vida. A medida que la guerra francoprusiana se perfila en el horizonte, ella cae enferma de viruela, una metáfora del destino de Francia, que se acerca a su propia ruina. Su belleza, su mayor arma, se descompone lentamente. Muere sola en una habitación de hotel, desfigurada, mientras París se sumerge en el caos. "¡Francia! ¡Francia!", gritan en la calle mientras Nana, el símbolo del exceso y la decadencia, exhala su último suspiro.

Nana es una de las novelas más poderosas sobre la relación entre deseo y destrucción. Zola retrata a su protagonista sin idealizarla, mostrando tanto su magnetismo como su vacío existencial. ¿Es Nana una víctima o una depredadora? ¿Es una mujer libre o el reflejo de una sociedad que solo le permite existir a través del placer que brinda a los hombres? Lo que resulta innegable es que su legado sigue vivo. Nana ha sido interpretada en el cine, el teatro y la literatura como el arquetipo de la *femme fatale*, la mujer que posee a los hombres con su belleza y los arrastra a la perdición.

33. Carmen: La mujer fatal del amor y la muerte

Carmen, la protagonista de la novela de igual título de Prosper Mérimée, es el arquetipo por excelencia de la *femme fatale*: una dama que seduce, manipula y arrastra a los hombres a su perdición sin remordimientos. Su historia, que mezcla amor, pasión y muerte en una combinación irresistible, la convirtió en un mito literario que ha trascendido la novela para transformarse en uno de los personajes más icónicos de la ópera y la cultura popular.

La Carmen de Mérimée es una gitana andaluza que desafía todas las convenciones de la feminidad tradicional. No es sumisa ni dependiente de los hombres; al contrario, se burla de ellos, los usa a su conveniencia y se niega a pertenecer a nadie. "Libre nací y libre moriré", es una de sus frases más célebres, que define su esencia indomable. Para ella, el amor es un juego, una emoción pasajera que debe disfrutarse sin ataduras ni compromisos. La historia es narrada por Don José, un soldado navarro que cae rendido ante los encantos de Carmen. Al conocerla, se ve atrapado en su hechizo: abandona su carrera militar, comete crímenes por ella y se convierte en un proscrito. Sin embargo, Carmen, incapaz de pertenecer a un solo hombre, pronto se cansa de él y lo reemplaza por otro amante, el torero Lucas. Desesperado y consumido por los celos, Don José la enfrenta en una última escena cargada de simbolismo y fatalidad. Ella, desafiante hasta el final, se niega a rendirse: "Si me matas, me matarás, pero Carmen nunca será de nadie". Con estas palabras, sella su destino y muere apuñalada por el hombre al que ha llevado a la locura.

La figura de Carmen alcanzó su inmortalidad gracias a la ópera de Georges Bizet, estrenada en 1875. En esta versión, su imagen se volvió aún más poderosa: la de una mujer que domina a los hombres con su sensualidad y su carácter indomable, convirtiéndose en la representación del deseo sin control. La famosa *Habanera*, con su estribillo "L'amour est un oiseau rebelle" ("El amor es un pájaro rebelde"), encapsula su filosofía de vida: el amor no puede ser domado ni poseído.

Más allá de la literatura y la ópera, Carmen se ha convertido en un ícono cultural. Su imagen, con la rosa en el pelo y su actitud desafiante, ha sido interpretada en innumerables películas y ballets. Desde la interpretación de Sara Montiel en el cine español hasta la visión modernizada de Beyoncé en su álbum visual *Carmen: A Hip Hopera*, su legado sigue vivo. Pero, ¿es Carmen una heroína feminista o una mujer castigada por su libertad? Cada lector puede opinar a su gusto, pero lo cierto es que Carmen sigue fascinando porque representa algo eterno: la atracción fatal, la pasión que desafía el destino y la fuerza indomable de una mujer que se atrevió a amar sin cadenas.

34. Hedda Gabler: Seducción, manipulación y autodestrucción

Hedda Gabler, la protagonista de la célebre obra teatral de Henrik Ibsen, es una de las figuras femeninas más complejas, enigmáticas y perturbadoras de la literatura universal. A diferencia de otras heroínas de su tiempo, Hedda no es una víctima de las circunstancias ni una mujer que lucha por el amor o la libertad. Al contrario, es un ser profundamente nihilista, atrapado en su propio vacío existencial, que se debate entre el deseo, la manipulación y la autodestrucción.

Desde el inicio de la obra, Hedda es presentada como una mujer insatisfecha con su matrimonio con el aburrido y predecible Jørgen Tesman. Aunque ha logrado asegurarse una vida cómoda casándose con un hombre respetable, desprecia la mediocridad de su esposo y la rutina burguesa que la asfixia. Criada en un ambiente de poder como la hija del general Gabler, Hedda ha heredado una personalidad dominante y un carácter ferozmente independiente, pero vive en un mundo donde las mujeres no pueden ejercer el control que ella anhela.

Incapaz de encontrar satisfacción en su propia existencia, Hedda busca entretenimiento en la manipulación de los demás. Su deseo no se expresa de manera física, sino a través del dominio psicológico. Se deleita en la seducción intelectual, en el control que ejerce sobre los hombres que la rodean y en el poder de influir en sus destinos. Uno de los ejemplos más claros de su naturaleza es su relación con Ejlert Løvborg, un escritor talentoso y apasionado con un pasado turbulento. A diferencia de su esposo, Løvborg representa el peligro y la emoción que Hedda anhela, pero su atracción por él no es romántica, sino destructiva. Cuando él intenta enderezar su vida y encontrar estabilidad con otra mujer, Hedda, celosa de perder su influencia sobre él, lo empuja de nuevo hacia la autodestrucción.

El objeto más simbólico de la obra es el manuscrito de Løvborg, que él considera su mayor logro intelectual. Para Hedda, sin embargo, representa una amenaza, algo que no puede controlar. En un acto de frialdad extrema, lo quema, privando a Løvborg de su única esperanza de redención. Cuando él, desesperado, se suicida, Hedda reacciona con una mezcla de admiración y envidia: ha cometido un acto de "belleza y valentía", algo que ella desearía hacer, pero no se atreve.

A lo largo de la obra, se hace evidente que Hedda está atrapada en una jaula que ella misma ha contribuido a construir.

No ama a su esposo, desprecia la maternidad y no encuentra placer en la vida doméstica. Su manipulación de los demás no le da verdadera satisfacción, y cuando su propio destino se vuelve incontrolable, toma la decisión final: se dispara en la cabeza, eligiendo la muerte antes que una vida de sumisión y aburrimiento. Hedda Gabler es un personaje fascinante porque desafía las expectativas de su tiempo. No es una heroína trágica como Emma Bovary o Anna Karénina, que sucumben al amor o al deseo. Tampoco es una feminista que lucha por la libertad. Es, en cambio, una mujer consumida por su propia frustración, alguien que anhela la grandeza pero es incapaz de alcanzarla. "Estoy aburrida hasta la muerte", dice en uno de sus momentos más reveladores, dejando claro que, para ella, la vida sin emoción es el peor destino.

Desde su estreno en 1891, la obra ha sido objeto de múltiples interpretaciones. Algunos críticos ven a Hedda como una víctima de las expectativas sociales impuestas sobre las mujeres, mientras que otros la interpretan como un ser perverso que disfruta destruyendo a los demás. Sin embargo, lo que hace que su personaje siga siendo relevante es su retrato del vacío existencial, el deseo de control y la imposibilidad de encontrar satisfacción en un mundo que no está hecho para mujeres como ella. A diferencia de otras protagonistas de la literatura del siglo XIX, Hedda no busca el amor, la redención ni la felicidad. Su única pasión es el poder, pero cuando descubre que incluso eso le es inaccesible, elige el único escape posible y su desenlace trágico.

35. La Marquesa de Merteuil: Intriga, erotismo y venganza

La Marquesa de Merteuil, inolvidable protagonista de *Las amistades peligrosas* de Pierre Choderlos de Laclos, es uno de los personajes femeninos más perversos, seductores y fascinantes de la literatura. Dueña de una inteligencia maquiavélica y una capacidad de manipulación sin límites, Merteuil es el paradigma de la *femme fatale* ilustrada: una mujer que, en una sociedad donde el poder estaba reservado a los hombres, usa el erotismo, la intriga y la venganza como armas para dominar.

Publicada en 1782, la novela epistolar de Laclos expone los juegos de poder y deseo dentro de la aristocracia francesa poco antes de la Revolución. En este universo de apariencias y secretos, la Marquesa de Merteuil y su cómplice, el Vizconde de Valmont, son maestros en el arte de la seducción y la destrucción. Sin embargo, mientras Valmont actúa por placer y desafío, Merteuil lo hace por algo mucho más profundo: la supervivencia y el control. "Nací para vengarme de mi sexo y dominar el vuestro", le escribe a Valmont en una de sus cartas más reveladoras.

Desde su juventud, Merteuil comprendió que la única forma en que una mujer podía tener poder en la sociedad de su tiempo era a través del engaño. Aprendió a ocultar sus deseos, a disfrazar sus intenciones y a convertirse en la mujer perfecta a los ojos del mundo. Su castidad era un disfraz, su virtud una mentira. Mientras los hombres la creían un modelo de decoro, en la intimidad era una estratega implacable que seducía y destruía con la misma frialdad con la que movía las piezas de un tablero de ajedrez.

Uno de sus juegos más crueles es su plan para corromper a la joven Cécile de Volanges, una inocente que representa todo lo que Merteuil desprecia: la sumisión y la ingenuidad. Para la marquesa, convertir a Cécile en un ser igual a ella no es solo una diversión, sino una forma de venganza contra una sociedad que la obligó a ocultar su verdadera esencia. También manipula a Madame de Tourvel, la piadosa amante de Valmont, asegurándose de que su caída sea tan dolorosa como espectacular. Sin embargo, su relación con Valmont es la más compleja y fascinante de la novela. Aunque son aliados, ambos saben que solo puede haber un vencedor en su juego de poder. Valmont la desafía, pero Merteuil nunca pierde su dominio sobre él. "Gano siempre cuando decido que he de ganar", le escribe con la seguridad de quien nunca ha sido derrotada.

Pero su caída es inevitable. Cuando Valmont muere en un duelo y su correspondencia secreta se hace pública, la marquesa es desenmascarada ante la sociedad. Despojada de su reputación y abandonada por todos, su rostro es desfigurado por la viruela en un giro trágico que simboliza el derrumbe de su imperio construido sobre la seducción. Su final no es una muerte dramática, sino un destino aún peor para una mujer de su clase: el exilio y el olvido.

La Marquesa de Merteuil sigue siendo un personaje icónico porque encarna la ambigüedad del deseo y el poder femenino en una sociedad que restringía a las mujeres a los papeles de esposas y amantes. A diferencia de otras mujeres de su tiempo, no busca amor ni protección. Su única pasión es la libertad, una libertad que solo puede alcanzar mediante el engaño y la manipulación.

A lo largo de los siglos, su historia ha sido reinterpretada en múltiples adaptaciones teatrales y cinematográficas, como la célebre *Dangerous Liaisons* (1988) con Glenn Close, quien capturó a la perfección su frialdad y su inteligencia devastadora. Su historia sigue fascinando porque plantea una verdad incómoda: en una sociedad que castiga a las mujeres por desear poder, la única forma de obtenerlo es ocultarlo tras una sonrisa impecable y una máscara de virtud.

36. BLANCHE DUBOIS: LA OBSESIÓN POR LA PASIÓN

Blanche DuBois, la trágica protagonista de *Un tranvía llamado deseo* de Tennessee Williams, es una de las figuras más desgarradoras de la literatura y el teatro del siglo XX. Su historia es la de una mujer atrapada entre la realidad y la ilusión, entre la decadencia y el deseo, entre la obsesión por la pasión y el inevitable colapso de su mundo. Su vulnerabilidad, su erotismo reprimido y su lucha por aferrarse a una vida que se desmorona la convierten en un personaje inolvidable, símbolo de la fragilidad humana y del peso de los traumas emocionales.

Desde el inicio de la obra, Blanche es una mujer marcada por el pasado. Ha perdido su hogar ancestral, Belle Rêve, y su posición en la alta sociedad del sur de Estados Unidos. Para huir de su ruina y ocultar su vergüenza, llega a Nueva Orleans a la casa de su hermana, Stella, buscando refugio. Pero el barrio proletario donde Stella vive con su marido, Stanley Kowalski, es todo lo contrario al mundo de refinamiento y elegancia que Blanche pretende preservar. Blanche se presenta como una dama sofisticada, delicada y educada, pero pronto descubrimos que esa imagen es solo una máscara que esconde su verdadero estado emocional. Su obsesión por la belleza, la juventud y el romance son intentos desesperados de negar el tiempo y la decadencia. "No quiero realismo, quiero magia", dice en un momento crucial de la obra.

Sin embargo, bajo su apariencia refinada, Blanche es una mujer devorada por el deseo. En su juventud, tuvo un matrimonio fallido con un hombre que se suicidó tras descubrirse su homosexualidad, un evento que la marcó de por vida. Desde entonces, ha buscado el amor y la validación en los brazos de múltiples hombres, convirtiéndose en una figura escandalosa en su ciudad natal. Su atracción por hombres jóvenes, como el repartidor al que intenta seducir, refleja su necesidad de aferrarse a la ilusión de la juventud y el romance. Pero su sensualidad no es un poder, sino una debilidad que la expone a la humillación y el abuso. Enfrentada a Stanley Kowalski, un hombre brutal y terrenal, Blanche se convierte en una presa fácil. Stanley la desprecia desde el principio, viendo a través de sus mentiras y manipulaciones. Su enfrentamiento es una batalla entre dos mundos opuestos: el refinamiento decadente del viejo sur y la brutalidad sin filtros del nuevo orden social. En el clímax de la obra, Stanley no solo destruye las ilusiones de Blanche, sino que la somete en el acto definitivo de violencia: la viola, sellando su caída definitiva. Al final, Blanche, incapaz de soportar la realidad, pierde la razón y es llevada a un hospital psiquiátrico. Su última frase: "Siempre he confiado en la bondad de los desconocidos", es un reflejo de su trágica inocencia y su desesperación por ser protegida en un mundo que no tiene piedad para los soñadores.

Blanche DuBois es un personaje que sigue resonando porque encarna la lucha eterna entre la fantasía y la realidad, entre el deseo y la destrucción. Su historia nos recuerda que el deseo, cuando no encuentra un equilibrio con la realidad, puede convertirse en una obsesión autodestructiva. Desde su estreno en 1947, *Un tranvía llamado deseo* Blanche ha sido interpretada por actrices legendarias como Vivien Leigh, Jessica Tandy y Cate Blanchett, cada una aportando nuevas capas de profundidad a la trágica Blanche. Lo cierto es que su caída no es solo la de una mujer frágil en un mundo cruel, sino la de alguien que, incapaz de encontrar el amor que anhelaba, se perdió para siempre en la neblina de sus propios sueños.

37. Lolita: La controversia del deseo y la perversión

Cuando Vladimir Nabokov publicó *Lolita* en 1955, desató una de las mayores polémicas literarias del siglo XX. La historia, narrada por el carismático y perturbador Humbert Humbert, relata su obsesión por Dolores Haze, una niña de doce años a la que él apoda *Lolita*. Sin embargo, detrás de la prosa exquisita y la ironía de su narrador, se esconde una historia de abuso y manipulación, una exploración de la perversión del deseo disfrazada de romance, que ha sido ampliamente debatida por la crítica y la sociedad moderna.

Uno de los mayores equívocos en torno a *Lolita* es la imagen de su protagonista como una joven precoz y seductora. Desde su publicación, el mito de la *nínfula* ha sido distorsionado por la cultura popular, reforzado por adaptaciones cinematográficas que han convertido a Dolores Haze en una mujer fatal infantil. Sin embargo, en la novela, la verdadera perversión radica en la mente de Humbert, quien proyecta sobre ella una sensualidad inexistente para justificar su obsesión y su pedofilia.

La ninfomanía, entendida como un deseo insaciable, es una etiqueta que erróneamente se ha vinculado a *Lolita*. En realidad, Dolores no es una mujer fatal en miniatura, sino una niña atrapada en una relación de dominio y abuso. Su aparente coquetería es una estrategia de supervivencia en un mundo que no le permite escapar. Nabokov juega con el lenguaje para enredar al lector en la visión de Humbert, pero la realidad subyacente es clara: *Lolita* no es una historia de amor, sino la confesión de un depredador que intenta embellecer su crimen con palabras, la narración de un acto de pedofilia donde el adulto se aprovecha de la niña y la convierte en su marioneta.

El escándalo inicial que rodeó la novela, su censura y su lenta reivindicación como una obra maestra de la literatura moderna, refleja la compleja relación de la sociedad con el deseo y la moral. *Lolita* es un espejo incómodo que nos obliga a cuestionar la forma en que se construyen y perciben las dinámicas de poder y seducción.

38. Mata Hari: Espionaje y erotismo

Mata Hari está a medio camino entre la realidad y la ficción; es, sin duda, uno de los nombres más célebres de la historia del espionaje, un mito envuelto en misterio. Su verdadero nombre era Margaretha Geertruida Zelle, nacida en los Países Bajos en 1876. Su vida fue una sucesión de reinvenciones: de joven acomodada a esposa de un militar abusivo, de bailarina exótica a cortesana de los más altos círculos europeos, hasta convertirse en una supuesta espía de alto nivel durante la Primera Guerra Mundial.

A comienzos del siglo XX, Mata Hari llegó a París y se reinventó como una misteriosa bailarina oriental. Su espectáculo, en el que realizaba una danza sensual con vestimentas ligeras y movimientos inspirados en tradiciones javanesas, la convirtió en una sensación. Los hombres de la aristocracia y del ejército quedaron fascinados con su magnetismo y su aura de exotismo. Pero su verdadero poder no residía solo en su baile, sino en su capacidad para manipular a los poderosos con su ingenio, su carisma y su erotismo.

A medida que Europa se sumía en la Primera Guerra Mundial, Mata Hari mantuvo relaciones con militares y diplomáticos de diversas nacionalidades. Fue este acceso privilegiado a información lo que la convirtió en un blanco para los servicios de inteligencia. Francia la acusó de ser una espía al servicio de Alemania, identificándola con el código H-21, aunque las pruebas en su contra fueron siempre débiles y circunstanciales. Se la presentó como una mujer traicionera y peligrosa que utilizaba su cuerpo y sus encantos para obtener secretos militares que vendía al mejor postor. Sin embargo, más que una maestra del espionaje, es probable que Mata Hari haya sido víctima de su propia imagen: la de una mujer independiente en un mundo dominado por hombres.

En 1917, en plena paranoia bélica, Mata Hari fue arrestada en París, sometida a un juicio plagado de irregularidades y condenada a muerte. La prensa la retrató como un arquetipo de la espía seductora, una mujer que usaba su sexualidad como un arma letal. Su ejecución, a los 41 años, la convirtió en una leyenda, pero también en un ejemplo de cómo la historia puede fabricar mitos para justificar decisiones políticas. Años después, documentos desclasificados y estudios más rigurosos han puesto en duda la veracidad de las acusaciones en su contra. Pero Mata Hari ha sido retratada en la literatura, el cine y el teatro en innumerables ocasiones. Desde la película protagonizada por Greta Garbo en 1931, que la inmortalizó como una espía trágica y fascinante, hasta novelas y biografías que buscan desentrañar la verdad detrás del mito, su figura sigue generando fascinación.

La historia de Mata Hari sigue siendo un reflejo de cómo el erotismo y el poder se entrelazan en la historia y de cómo las mujeres que transgreden las normas pueden convertirse en chivos expiatorios de un sistema que no tolera su independencia. En su última carta antes de ser ejecutada, escribió: "Soy inocente. Alguien ha jugado sucio conmigo".

39. JUSTINE: EL DESEO COMO CASTIGO

Pocas obras han desafiado tanto los límites de la moral y la literatura como *Justine o los infortunios de la virtud* , escrita por el Marqués de Sade en 1791. En esta novela, la virtud no solo no es recompensada, sino que es cruelmente castigada en un mundo donde el deseo y el poder se imponen como únicas leyes. Justine, la protagonista, representa la inocencia llevada al extremo, una joven que, a pesar de su pureza y bondad, es sometida a una serie interminable de abusos y vejaciones que hacen de su vida un tormento constante.

El argumento sigue a Justine desde su infancia hasta su trágico desenlace. Huérfana desde pequeña, decide seguir el camino de la virtud mientras su hermana Juliette opta por la corrupción y el libertinaje. Sin embargo, mientras Juliette prospera en el vicio y se enriquece, Justine es víctima de todo tipo de atrocidades: explotada, violada, encarcelada y traicionada una y otra vez por aquellos en quienes confía. A lo largo de su recorrido, se enfrenta a una galería de personajes sádicos que representan el lado más oscuro de la naturaleza humana. Desde monjes hipócritas hasta aristócratas degenerados, todos parecen encontrar placer en la humillación y el sufrimiento de la joven.

El Marqués de Sade, con su estilo provocador y su filosofía nihilista, no escribe una historia de redención ni de justicia divina. Por el contrario, *Justine* es un manifiesto brutal sobre el triunfo del libertinaje y el fracaso de la virtud en un mundo sin moral. En su universo, la bondad es vista como una debilidad, una característica que solo conduce a la desgracia. No hay recompensa para la inocencia ni castigo para el vicio. Al final, Justine muere de la forma más irónica posible: fulminada por un rayo cuando finalmente creía haber encontrado la salvación.

Sade invierte el esquema tradicional de la novela moralista para exponer su visión del deseo y el poder. En sus obras, el sexo no es una expresión de amor ni un placer inocente, sino un instrumento de dominación, una fuerza incontrolable que rige la vida humana. Justine resulta el paradigma de la víctima perpetua, la encarnación del sufrimiento al que se ven sometidos los débiles en una sociedad donde impera la ley del más fuerte.

Desde su publicación, *Justine* ha sido objeto de escándalo y censura. Considerada pornográfica y subversiva, la obra fue prohibida en varios países y contribuyó a la leyenda negra del Marqués de Sade, quien pasó gran parte de su vida en prisión condenado por la depravación de sus escritos. Sin embargo, su impacto en la literatura es innegable: su visión del erotismo, el deseo y la violencia influyó en autores posteriores y en el desarrollo de la novela transgresora. Más allá del morbo que rodea la figura de Sade, *Justine* plantea una pregunta incómoda: ¿existe la justicia en el mundo o el poder, la riqueza y el deseo son las únicas fuerzas que rigen la vida? La historia de Justine es un espejo distorsionado de la realidad, una advertencia cruel sobre los peligros de la inocencia en un mundo donde la virtud no es más que un obstáculo para la supervivencia.

40. EMMANUELLE: LA EXPLORACIÓN DEL PLACER SIN LÍMITES

Si *Justine* de Sade representa la tragedia de la virtud castigada, *Emmanuelle*, publicada en 1959 por Emmanuelle Arsan, es su contraparte hedonista: la celebración del placer sin culpa ni restricciones. Esta novela erótica, una de las más influyentes del siglo XX, narra el viaje de una mujer hacia el descubrimiento de su sexualidad en un mundo donde el deseo es una forma de libertad y reconocimiento personal.

La protagonista, Emmanuelle, es una joven francesa casada con un diplomático que se traslada a Bangkok. A diferencia de los convencionalismos europeos, en la exótica Tailandia se encuentra con una sociedad en la que el erotismo se vive sin tabúes. Su despertar sexual no es casual, sino una exploración guiada por diferentes personajes, entre ellos el enigmático Mario, quien la introduce en una filosofía libertina basada sobre la búsqueda del placer absoluto y la abolición de las normas impuestas por la moral tradicional. A lo largo de la novela, Emmanuelle se sumerge en un mundo donde la monogamia es vista como una limitación artificial y donde la entrega a los sentidos se convierte en un camino hacia el autoconocimiento. La obra plantea una reflexión sobre la relación entre el placer, la libertad y la identidad femenina, desafiando los cánones tradicionales de la feminidad y el deseo.

El impacto de *Emmanuelle* en la cultura popular fue enorme. Su éxito editorial llevó a múltiples secuelas y, en 1974, a la famosa adaptación cinematográfica protagonizada por Sylvia Kristel, que consolidó a *Emmanuelle* como un ícono de la revolución sexual. La película, con su estética sensual y su tono casi onírico, se convirtió en un fenómeno mundial y dio inicio a una saga de filmes que exploraban el erotismo con una visión más estilizada que limpia. Sin embargo, *Emmanuelle* no estuvo exenta de polémica. Su retrato de la liberación sexual femenina fue celebrado por algunos como un manifiesto de emancipación, pero también criticado por su visión masculina del placer y su representación del deseo femenino a través de una mirada patriarcal. A diferencia de obras feministas que reivindican el erotismo desde una perspectiva de empoderamiento, *Emmanuelle* presenta una protagonista que se deja moldear por las enseñanzas de hombres experimentados, lo que ha llevado a cuestionamientos sobre el verdadero alcance de su liberación.

Más allá de las controversias, la novela sigue siendo un referente en la literatura erótica, una obra que abrió el camino para la exploración del deseo femenino en la literatura y el cine sin los filtros de la censura. *Emmanuelle* no es solo una historia sobre sexo, sino sobre la transgresión de las normas y la búsqueda de un placer sin límites, una invitación a cuestionar las restricciones.

41. BELLE DE JOUR: DOBLE VIDA ENTRE LA VIRTUD Y LA PASIÓN

Publicada en 1928 por el escritor francés Joseph Kessel, *Belle de Jour* es una de las novelas más icónicas sobre la exploración del deseo femenino y la dualidad entre la moralidad y la pasión. La historia sigue a Séverine Serizy, una mujer burguesa casada con un respetable médico que, a pesar de llevar una vida aparentemente perfecta, siente un profundo vacío emocional y sexual. En un intento por reconciliar sus fantasías con su realidad cotidiana, se introduce en el mundo de la prostitución diurna, adoptando el nombre de *Belle de Jour* y trabajando en un burdel de lujo mientras su esposo está en el hospital atendiendo a sus pacientes.

La novela retrata el conflicto interno de Séverine, quien, aunque ama a su marido, experimenta un deseo irrefrenable por situaciones que combinan sumisión y degradación, un erotismo que solo puede satisfacer en su doble vida. En el burdel, lejos del papel de esposa modelo, se convierte en una mujer deseada, capaz de explorar sus fantasías más ocultas sin las ataduras de la moral burguesa.

El relato de *Belle de Jour* es provocador porque desafiaba las convenciones sobre la sexualidad femenina en la literatura de la época. Séverine no es una prostituta por necesidad económica ni por coerción, sino por el placer de transgredir los límites. Su historia cuestiona la idea de que el deseo femenino debe estar supeditado a la seguridad del matrimonio y sugiere que la represión puede ser tan peligrosa como la entrega absoluta al placer.

La novela de Kessel alcanzó una nueva dimensión de notoriedad en 1967 con la adaptación cinematográfica de Luis Buñuel, protagonizada por Catherine Deneuve. La película, con su estética fría y su tono onírico, convirtió a la *Belle de Jour* en un ícono del cine erótico y en una exploración aún más profunda de la psicología de Séverine. A diferencia del libro, donde la protagonista experimenta un cierto grado de reconciliación con sus impulsos, la versión de Buñuel deja abierta la posibilidad de que su mundo imaginario termine consumiéndola por completo. Séverine es, en última instancia, una figura trágica atrapada entre dos realidades irreconciliables, un recordatorio de que el placer y la moralidad han sido, a lo largo de la suya.

42. Lucrecia: La joven consumida por el deseo

Dentro del universo de *La Celestina*, la obra maestra de Fernando de Rojas publicada en 1499, Lucrecia es un personaje secundario, pero profundamente revelador en la compleja red de pasiones, manipulaciones y deseos que atraviesan la tragicomedia. Criada de Melibea, Lucrecia es testigo y partícipe de los juegos amorosos que orquesta la vieja alcahueta Celestina, pero su papel trasciende el de simple espectadora: es una joven cuya represión y anhelo de placer la llevan a un destino marcado por la frustración y el deseo insatisfecho.

A diferencia de Melibea, que experimenta un amor idealizado con Calisto, Lucrecia encarna el deseo carnal en su forma más reprimida. Como criada, su posición social le impide vivir el amor libremente, pero su cuerpo y su mente delatan la lucha entre el decoro impuesto y la pasión latente. La presencia de Pármeno, el joven sirviente de Calisto, aviva en ella una atracción que nunca se consuma del todo, convirtiéndola en un personaje dominado por la tensión erótica, siempre al borde de la explosión.

El deseo de Lucrecia no se expresa con palabras románticas ni con acciones impulsivas, sino con gestos, miradas y comentarios que revelan su frustración. La cercanía con su señora, Melibea, le permite observar de primera mano el poder del amor y la atracción, pero también la pone en una posición de impotencia: ella solo puede asistir como testigo a una pasión que nunca podrá experimentar por sí misma. Su carácter a menudo irónico y su actitud desafiante hacia Melibea no son sino el reflejo de su propia represión, una especie de resentimiento hacia quienes pueden entregarse al amor sin las restricciones que a ella la oprimen.

En *La Celestina*, el deseo es una fuerza incontrolable que consume a quienes lo experimentan, y Lucrecia no es la excepción. Si bien su historia no alcanza el nivel trágico de Melibea, su papel dentro de la obra es crucial para mostrar que la pasión no distingue entre clases ni géneros, pero sí castiga con mayor severidad a quienes no tienen el poder o la libertad de satisfacerla. Lucrecia representa a las mujeres de la baja condición que, en la literatura del Siglo de Oro, aparecen como figuras secundarias, pero que en su interior encierran una lucha interna igual de intensa que la de sus amas. En ella, el deseo es más que un anhelo: es un tormento que la consume sin darle la posibilidad de ser liberado.

43. TERESA: LA BÚSQUEDA DE LO PROHIBIDO

Dentro del universo transgresor de *Las edades de Lulú*, la novela de Almudena Grandes publicada en 1989, Teresa emerge como un personaje clave en la exploración de los límites del deseo y el poder del erotismo como fuerza transformadora. Si Lulú, la protagonista prohibida, encarna la evolución de la inocencia al placer extremo, Teresa representa la figura que desafía abiertamente las normas.

Teresa es la amante de Lulú y la introduce en una dimensión del deseo que la protagonista nunca había experimentado antes. Su presencia en la novela es la de una guía iniciática, alguien que, lejos de juzgar, muestra el camino hacia una sexualidad despojada de culpa. A diferencia de Lulú que muchas veces es arrastrada por circunstancias que no controla del todo, Teresa toma las riendas de su placer con una determinación que la convierte en un personaje magnético y peligroso a la vez.

La relación entre ambas no es convencional: Teresa no solo es una amante, sino también un espejo en el que Lulú puede ver reflejados sus propios deseos. En su universo no hay límites morales ni miedo al qué dirán: solo existe la exploración de los cuerpos y la entrega a las pasiones más profundas. Su bisexualidad y su dominio del juego erótico desafiaban el paradigma tradicional de la mujer sumisa o pasiva en la literatura erótica. Sin embargo, Teresa también encarna el vértigo de lo prohibido. Su atracción por lo extremo la coloca en una posición ambigua entre la libertad y la autodestrucción, y su papel en la historia de Lulú no es solo el de una libertadora sino también el de alguien que la empuja a territorios cada vez más peligrosos.

En *Las edades de Lulú* Almudena Grandes rompe con los estereotipos de la sexualidad femenina y construye personajes que desafiaban las normas sin arrepentimiento. Teresa es una de las figuras más fascinantes de la novela precisamente porque no busca la redención ni se somete a las reglas impuestas. Su historia es la de una mujer que no teme cruzar las fronteras del deseo aunque en ese camino termine enfrentándose a la parte más oscura de sí misma y de quienes la rodean.

44. Cathy Earnshaw: Amor, locura y deseo en los páramos ingleses

La figura de Cathy Earnshaw en *Cumbres borrascosas*, la obra maestra de Emily Brontë publicada en 1847, encarna el amor apasionado llevado al extremo de la obsesión y la destrucción. Su historia, marcada por la tormentosa relación con Heathcliff y por las rígidas normas sociales de la Inglaterra victoriana, es un reflejo de la lucha entre el deseo y el deber, entre la naturaleza salvaje y las ataduras impuestas por la sociedad.

Desde su infancia, Cathy muestra un espíritu libre e indomable. Criada en la mansión de Cumbres Borrascosas, crece en un entorno de brumas y soledad, desarrollando un vínculo profundo con Heathcliff, el niño adoptado por su familia. Su relación trasciende el afecto fraternal para convertirse en una pasión avasalladora, instintiva, más animal que humana, un fuego que devora todo a su paso. Cathy no es una mujer dócil ni sumisa a las reglas del decoro victoriano: es un torbellino de deseo, capaz de inspirar amor y destrucción en igual medida. Su naturaleza tempestuosa la convierte en una figura inalcanzable, a la vez anhelada y temida, una mujer fatal cuyo influjo se prolonga más allá de la muerte. Su relación con Heathcliff se fundamenta en un deseo incontenible, una necesidad de posesión mutua que desafía cualquier norma moral. Sin embargo, Cathy no se entrega plenamente a ese amor. Al llegar a la adultez, comprende que la pasión desbocada no basta para sobrevivir en una sociedad que impone límites a la libertad femenina. Su naturaleza la empuja al exceso, pero su mente la traiciona con la ambición. Cuando decide casarse con Edgar Linton, un hombre refinado, estable y económicamente alojado, Cathy opta por la seguridad en lugar de la pasión. No lo hace por amor, sino por conveniencia, porque comprende que Heathcliff, con su origen incierto y su brutalidad, no le ofrece el estatus que su belleza y espíritu indomable podrían alcanzar. No obstante, esta elección no la convierte en una esposa sumisa. Cathy sigue dominando la escena con su magnetismo, sabiendo que su verdadero poder radica en el deseo que despierta. Su atracción por Heathcliff nunca desaparece, sino que se intensifica con la prohibición, con la distancia, con el tormento.

Cathy es una mujer que ansía ser amada, pero no de forma convencional. No busca la ternura, sino la desesperación; no busca la estabilidad, sino el arrebato. En Heathcliff encuentra su reflejo más oscuro, su otra mitad más feroz, la única persona capaz de igualar su energía destructiva. Pero en Edgar encuentra la tranquilidad que le permitiría perpetuar su imagen de mujer deseable y distinguida. Se convierte así en una ninfómana emocional, en alguien que necesita la adoración de los hombres para alimentar su propio mito. No es suficiente con poseer a uno: necesita la lucha entre ellos, la tensión de ser amada y odiada a la vez. Su cuerpo y su espíritu son un campo de batalla donde se disputan la posesión de su alma, aunque en el fondo Cathy nunca pertenecerá a nadie.

El deseo, en *Cumbres borrascosas*, es un arma de doble filo. Cathy lo encarna en su forma más absoluta, pero también más autodestructiva. Su matrimonio con Edgar no le proporciona la paz que buscaba, y la reaparición de Heathcliff la sumerge en un torbellino de deseo y culpa. El reencuentro con su verdadero amor no es una liberación, sino una condena. Heathcliff la reclama con una intensidad casi sobrenatural, como si su amor fuera un pacto con el más allá, una unión que no puede ser rota ni por la muerte. Su pasión no tiene límites ni remordimientos. En su desesperación, Cathy cae en un estado febril, consumida por la imposibilidad de unir sus dos mundos. Se convierte en un espectro en vida, vagando entre la cordura y el delirio, sujeta a un deseo tan poderoso que la destruye desde dentro. En sus últimas palabras, lejos de arrepentirse, se entrega a su destino trágico: "Yo soy Heathcliff". Incluso tras su caída, Cathy no desaparece. Su presencia persiste en los páramos, en el viento que golpea las ventanas, en la locura de Heathcliff, quien la busca desesperado hasta el final de sus días. Como los grandes mitos de la mujer fatal, su poder no se extingue con su cuerpo. Su belleza, su magnetismo y su amor prohibido quedan grabados en la memoria de quienes la conocieron, como una llama que nunca se apaga, como una maldición que arrastra a todos los que la rodearon.

Cathy Earnshaw es una de las heroínas más complejas y enigmáticas de la literatura inglesa. No es una simple enamorada trágica, sino una fuerza indomable que desafía cualquier intento de domesticación. En *Cumbres borrascosas,* Emily Brontë rompe con las convenciones románticas para mostrar un amor que no redime, sino que condena; un amor que no construye, sino que devora a quienes lo sienten.

45. DOMINIQUE FRANCON: EROTISMO Y DOMINACIÓN

Dominique Francon, la enigmática y compleja protagonista femenina de *El manantial,* representa una de las visiones más polémicas del deseo y la dominación en la literatura del siglo XX. En la novela de Ayn Rand, publicada en 1943, Dominique es el símbolo de una feminidad contradictoria, atrapada entre el anhelo de un amor absoluto y la convicción de que el mundo no está preparado para aceptar la grandeza del hombre al que ama. Su relación con Howard Roark, el arquitecto intransigente y genio de la obra, se convierte en un juego de poder donde la pasión, la sumisión y la resistencia se entrelazan en una exploración provocadora del erotismo y la voluntad.

Desde el inicio de la novela, Dominique se muestra como una mujer de una belleza extraordinaria, fría y distante, con una visión profundamente nihilista del mundo. En un acto que define su carácter, se siente atraída por Roark desde el primer momento, pero en lugar de entregarse a él, lo desafía, lo rechaza y busca destruirlo. Su atracción es tan intensa como su miedo a la mediocridad de la sociedad, y en su mente, amar a un hombre como Roark significa condenarlo a la derrota en un mundo que castiga la excelencia.

La relación entre Dominique y Roark está cargada de tensión erótica y de una dinámica de dominación y resistencia que ha generado controversia desde la publicación de la novela. La escena en la que Roark la posee por primera vez ha sido interpretada como un acto de brutalidad o, desde la perspectiva de Rand, como la representación de un deseo incontenible que trasciende la moral convencional. "Lo había esperado toda su vida sin saberlo", reflexiona Dominique después de su primer encuentro con Roark, en una frase que encapsula la ambigüedad de su relación.

A lo largo de la novela, Dominique pone a prueba su propia capacidad de amar y ser amada, oscilando entre el deseo de ver a Roark triunfar y la necesidad de alejarse de él para evitar el dolor de verlo humillado por un mundo que no lo comprende. Su viaje es el de una mujer que aprende que el verdadero poder no radica en la negación del deseo, sino en la aceptación de que solo aquellos que no temen la lucha pueden alcanzar la grandeza. En *El manantial*, Ayn Rand construye un personaje femenino que desafía los arquetipos tradicionales de la literatura romántica. Dominique Francon no es una víctima ni una heroína en el sentido convencional, sino una mujer cuya búsqueda del amor se entrelaza con la del poder y la independencia.

46. Lady Chatterley: La mujer que desafió la moral victoriana

Lady Constance Chatterley, la protagonista de *El amante de Lady Chatterley*, la controvertida novela de DH Lawrence publicada en 1928, encarna la rebelión del deseo contra las restricciones de la moral y la sociedad de su tiempo. Su historia es la de una mujer atrapada en un matrimonio sin pasión que, al encontrarse con Oliver Mellors, el guardabosques de su esposo, descubre una sexualidad reprimida y un amor que desafía las normas de clase y género impuestas por la tradición victoriana y la sociedad de entreguerras.

Desde el inicio de la novela, Constance es presentada como una mujer atrapada en una vida de apariencias. Casada con Sir Clifford Chatterley, un aristócrata paralítico tras la Primera Guerra Mundial, su existencia está marcada por la frustración y el vacío emocional. Su marido, incapaz de satisfacerla, representa la decadencia de una clase alta intelectualizada pero carente de vitalidad. En contraste, Mellors es el símbolo del instinto, la naturaleza y la masculinidad primitiva que despierta en Lady Chatterley un deseo desconocido.

La relación entre Lady Chatterley y Mellors no es solo una aventura extramarital, sino un acto de emancipación. En una sociedad que consideraba el placer femenino como algo secundario o incluso inmoral, la protagonista se entrega a un amor que no solo es físico, sino también espiritual. La novela rompe con la idea de que el erotismo debe estar ligado al pecado o la culpa y plantea el sexo como una experiencia de redención y conexión con la vida. DH Lawrence escribió *El amante de Lady Chatterley* como una respuesta al puritanismo de su época, dotando a su protagonista de una libertad poco común en la literatura de aquel entonces. La obra fue prohibida en varios países debido a su contenido sexual explícito y a su desafío a las normas morales establecidas, pero con el tiempo se convirtió en un clásico.

Lady Chatterley es más que un personaje literario: es un emblema de la mujer que se atreve a desafiar las convenciones sociales para buscar la plenitud en su cuerpo y en su espíritu. Su historia es la de una transformación, la de alguien que pasa de la resignación a la autoafirmación, demostrando que el amor y el deseo pueden ser fuerzas revolucionarias capaces de romper las cadenas de la represión.

47. Estella: La belleza fría y destructiva

Estella Havisham, la enigmática y cautivadora protagonista femenina de *Grandes esperanzas*, la novela de Charles Dickens publicada en 1861, es la encarnación de la belleza convertida en arma, un ser moldeado para seducir. Criada por la excéntrica y vengativa señorita Havisham, Estella representa el ideal de la mujer inalcanzable, una esfinge cuyo corazón parece estar hecho de mármol y cuya frialdad es tan letal como su hermosura.

Desde su primera aparición, la vida de Estella está definida por el propósito con el que ha sido criada: ser un instrumento de venganza contra los hombres. La señorita Havisham, abandonada en el altar en su juventud y obsesionada con el dolor de su traición, convierte a la niña en su obra maestra de revancha. La educa no para amar, sino para hacer sufrir a quienes se atrevan a desearla. Como resultado, Estella crece creyéndose por encima de los sentimientos humanos, inmune al afecto y el apego, y desarrollando un desprecio casi automático hacia quienes la adoran. Su relación con Pip, el protagonista de la novela, es el reflejo más claro de su naturaleza. Desde niño, Pip queda fascinado por ella, viéndola como el epítome de la perfección femenina. Sin embargo, cada gesto de Estella hacia él está tratado de desdén y frialdad. "No tengo corazón", le dice en una de sus conversaciones más memorables, dejándole claro que cualquier esperanza de amor será en vano.

A pesar de su aparente insensibilidad, Estella también es una víctima de su educación. Privada de la capacidad de amar y condenada a la soledad emocional, su destino está marcado por la infelicidad. Su matrimonio con el brutal Bentley Drummle es la culminación de la ironía de su vida: tras haber roto el corazón de muchos hombres, ella misma termina atrapada en una unión sin amor que la destruye lentamente. En *Grandes esperanzas*,

Estella no es solo un personaje, sino un símbolo de las consecuencias de la manipulación emocional y de la imposición de una identidad forzada. Dickens la presenta como una advertencia sobre los peligros de convertir el amor en un juego de poder. Sin embargo, su evolución final deja entrever una posibilidad de redención: tras años de sufrimiento, Estella parece comprender el precio de su frialdad y, aunque nunca podrá borrar el daño causado, al menos encuentra una nueva conciencia de sí misma. Estella Havisham es la prueba de que la belleza sin amor puede ser tan letal como un puñal. Su historia es la de una mujer forjada para la destrucción, pero que, al final, descubre que el verdadero castigo no es haber roto corazones, sino haber sido incapaz de amar.

48. Wanda von Dunajew: Masoquismo y erotismo en grado patológico

Wanda von Dunajew, la fascinante y dominante protagonista de *La Venus de las pieles*, la novela de Leopold von Sacher-Masoch publicada en 1870, es una de las figuras más emblemáticas del erotismo literario. Su nombre quedó para siempre asociado al concepto de dominación femenina y a la psicología del masoquismo, hasta el punto de que este último término deriva directamente del apellido del autor de esta novela.

Desde el inicio de la obra, Severin von Kusiemski, un hombre de sensibilidad refinada pero de impulsos inconfesables, queda cautivado por Wanda, una viuda de extraordinaria belleza y carácter imponente. Su atracción no se basa sobre la ternura ni en el amor romántico, sino en la necesidad de ser dominado por su amada. En un pacto que roza lo perverso, Severin le ruega a Wanda que lo convierta en su esclavo, que lo humille, lo maltrate y lo haga sufrir. Para él, el placer solo es auténtico cuando se alcanza a través del dolor y la degradación.

Wanda acaba asumiendo el papel de dominadora con un entusiasmo creciente. Vestida con lujosos abrigos de pieles, látigo en mano y mirada gélida, se transforma en la encarnación de la Venus cruel, la diosa que reina sobre el deseo ajeno sin ofrecer nunca un verdadero amor a cambio. En su relación con Severin, el erotismo se convierte en un juego de poder, donde el placer y el sufrimiento son dos caras de la misma moneda.

Sin embargo, *La Venus de las pieles* no es solo una relación de dominación erótica, sino también una exploración de la psicología humana y los peligros de los deseos llevados al extremo. Wanda, lejos de ser una villana, es un personaje complejo que oscila entre el placer de la superioridad y el hastío de un amor basado sobre la sumisión absoluta. Al final, el juego de Severin termina devorándolo: lo que había imaginado como la realización de su fantasía se convierte en una pesadilla, y el control de Wanda sobre él lo lleva al borde de la destrucción.

La novela de Sacher-Masoch, escandalosa en su época, sentó las bases para la exploración literaria del masoquismo y la dominación en las relaciones humanas. Wanda von Dunajew se convirtió en el arquetipo de la mujer fatal que gobierna sobre el deseo masculino, una figura que ha influenciado innumerables obras de la literatura erótica y del cine moderno. Su historia es la de un erotismo que desafía los límites de lo aceptable, donde el placer se encuentra en el sufrimiento y el amor se confunde con la servidumbre.

49. Catherine Tramell: La mujer fatal moderna

Catherine Tramell, la hipnótica protagonista de *Bajos instintos*, el thriller erótico de 1992 dirigido por Paul Verhoeven, es la encarnación de la *mujer fatal* en su versión más contemporánea. Inteligente, seductora y manipuladora, Catherine lleva el arquetipo clásico de la mujer fatal a un nuevo nivel, donde el erotismo y la violencia se entrelazan en un juego de poder en el que siempre lleva la ventaja.

Desde su primera aparición en pantalla, Catherine domina cada escena con una presencia que desafía tanto al espectador como al detective Nick Curran, interpretado por Michael Douglas. Acusada del brutal asesinato de su amante, una exestrella de rock, la escritora millonaria se convierte en el centro de una investigación en la que la verdad y la mentira se diluyen en un laberinto de seducción y sospecha. Su interrogatorio, en el que juega con los policías con una mezcla de frialdad y sensualidad, culmina en la icónica escena en la que, sin ropa interior, cruza las piernas ante los agentes, marcando un hito en la historia del cine erótico.

A diferencia de las *femmes fatales* clásicas de la literatura y del cine negro, Catherine no es solo un objeto de deseo ni una mujer que utiliza su belleza como única arma. Su inteligencia, su dominio psicológico sobre los hombres y su ausencia de remordimientos la convierten en una predadora que se mueve con total impunidad. "Las mujeres matan con lo que tienen entre las piernas", dice en un momento clave de la película. Su relación con Nick Curran es un duelo constante, un juego en el que la atracción y el peligro se confunden. A medida que la investigación avanza, Catherine se convierte en la encarnación de la ambigüedad: ¿es una asesina en serie que convierte sus novelas en realidad, o una mujer que simplemente disfruta llevando el deseo y el peligro al límite?

En *Bajos instintos*, Catherine Tramell representa la evolución del mito de la mujer fatal en la era moderna. Su figura combina el misterio del cine negro con la sexualidad explícita del thriller erótico, desafiando las convenciones del género y dejando una marca imborrable en la cultura popular.

50. AMY DUNNE: SEDUCCIÓN Y MANIPULACIÓN CONTEMPORÁNEAS

Amy Dunne, la protagonista de *Perdida*, la novela de Gillian Flynn publicada en 2012 y llevada al cine en 2014 por David Fincher, representa la *femme fatale* moderna en su versión más retorcida y aterradora. Inteligente, calculadora y despiadada, Amy no solo manipula a los hombres, sino también a la sociedad y a la narrativa misma, transformando la victimización en un arma de poder absoluto.

Amy parece la esposa perfecta: hermosa, carismática y con una educación privilegiada. Su matrimonio con Nick Dunne resulta idílico en la superficie, pero pronto se revela que las apariencias engañan. Cuando Amy desaparece en lo que podría ser un secuestro o asesinato, la historia se convierte en un espectáculo mediático donde Nick, su esposo, pasa de ser un hombre en duelo a convertirse en el principal sospechoso para todos. Sin embargo, a medida que avanza la trama, se descubre la verdad: Amy ha fingido su desaparición para incriminar a Nick, castigándolo por su infidelidad y por no haber cumplido con la imagen del esposo perfecto que ella deseaba.

A diferencia de las *mujeres fatales* clásicas, que utilizaban su atractivo sexual para manipular a los hombres, Amy lleva el juego mucho más allá. No solo seduce y engaña a quienes la rodean, sino que también controla la percepción del público y los medios de comunicación. Su famoso monólogo sobre la "chica cool" resume su visión del mundo: "Las mujeres aprenden que deben ser la chica cool: sexy, inteligente, pero sin desafiar a los hombres. Y cuando el hombre deja de estar interesado, es ella quien se convierte en la villana".

Lo más perturbador de Amy Dunne es su capacidad para transformar cada situación en una oportunidad para reafirmar su dominio. Desde manipular a antiguos amantes hasta fingir agresiones y cambiar su identidad, su inteligencia no tiene límites. Su frialdad y capacidad de anticipación la convierten en una antagonista implacable, una mujer que no solo busca venganza, sino que también disfruta del control absoluto sobre su historia. En *Perdida*, Gillian Flynn deconstruye los estereotipos del thriller psicológico y del cine negro, presentando una mujer fatal que no necesita la aprobación de los hombres ni su deseo de ejercer su poder. Amy Dunne no es solo una manipuladora: es una estratega brillante que juega con las expectativas de la sociedad sobre el matrimonio, la feminidad y la victimización. Su historia es un recordatorio de que, en la era de la imagen y la percepción, la verdad es solo otra herramienta de manipulación.

APÉNDICES

Glosario de términos

ANDROGINIA: Característica o condición en la que una persona presenta rasgos físicos o comportamentales que combinan elementos tradicionalmente asociados con lo masculino y lo femenino. En el ámbito del erotismo y la literatura, la androginia ha sido utilizada como un símbolo de ambigüedad y atracción, presente en personajes como *Orlando* de Virginia Woolf o en la mitología con figuras como Tiresias. La androginia desafía los roles de género convencionales y ha sido un tema recurrente en el arte, la moda y la filosofía.

AUTOEROTISMO: Práctica en la que una persona experimenta placer sexual sin la intervención de otra, generalmente a través de la masturbación. Desde la antigüedad, el autoerotismo ha sido objeto de tabúes y prohibiciones, pero también de exploración en la literatura y el arte. Sigmund Freud lo consideró un componente del desarrollo psico-sexual, mientras que autores como Georges Bataille y Jean-Paul Sartre han reflexionado sobre su significado en la construcción del deseo.

BONDAGE: Práctica erótica en la que se inmoviliza parcial o totalmente a una persona mediante el uso de cuerdas, esposas u otros objetos con fines de estimulación sexual. El *bondage* forma parte del universo BDSM (bondage, disciplina, dominación, sumisión, sadismo y masoquismo) y ha sido explorado en la literatura en obras como *Historia de O* de Pauline Réage. Su estética y simbolismo han sido recurrentes en la cultura popular, desde la fotografía de Helmut Newton hasta el cine de Luis Buñuel.

BUCOLISMO ERÓTICO: Corriente literaria que fusiona el erotismo con la exaltación de la naturaleza y la vida pastoril. En la poesía renacentista, el bucolismo erótico se expresaba a través de relatos de amores entre pastores y ninfas, como en las *Églogas* de Garcilaso de la Vega o en *La Arcadia* de Lope de Vega. Esta idealización del deseo en un entorno natural se ha mantenido en la literatura y el cine, con ejemplos contemporáneos como *Call Me by Your Name* de André Aciman.

DESEO PROHIBIDO: Atracción sexual o amorosa hacia lo que la moral o la sociedad consideran inaceptable. A lo largo de la historia, el deseo prohibido ha sido un tema central en la literatura, desde *Madame Bovary* de Gustave Flaubert hasta *Lolita* de Vladimir Nabokov. Puede manifestarse en distintas formas, como el adulterio, el incesto, la diferencia de edad o la transgresión de normas religiosas y sociales.

DOMINACIÓN Y SUMISIÓN (D/s): Dinámica erótica basada sobre el intercambio consensuado de poder, en la que una persona adopta el rol dominante y la otra el de sumisa. Esta relación puede incluir prácticas como el control verbal, el castigo erótico y el uso de restricciones físicas o psicológicas. Ha sido ampliamente representada en la literatura erótica, desde *La Venus de las pieles* de Leopold von Sacher-Masoch hasta *Cincuenta sombras de Grey* de E. L. James.

EROS Y TÁNATOS: Conceptos de la psicología y la filosofía que representan, respectivamente, el impulso de vida y placer (Eros) y el impulso de muerte y destrucción (Tánatos). En la obra de Sigmund Freud, estas fuerzas opuestas rigen la psique humana, y su interacción se manifiesta en el erotismo, la agresión y la autodestrucción. En la literatura, esta dualidad ha sido explorada en personajes que combinan deseo y peligro, como

Catherine Earnshaw en *Cumbres borrascosas* o Amy Dunne en *Perdida*.

ESTÉTICA DE LA CRUELDAD: Corriente literaria y artística que explora la violencia, el sufrimiento y el erotismo como elementos inseparables. Se encuentra en la obra del Marqués de Sade, en el teatro de Antonin Artaud y en el cine de Pier Paolo Pasolini. En la literatura erótica, esta estética se manifiesta en la representación del dolor como fuente de placer, como ocurre en *Los 120 días de Sodoma* o *Historia de O*.

EXHIBICIONISMO: Práctica en la que una persona obtiene placer al exponerse desnuda o realizar actos sexuales en público o ante observadores. En la literatura y el cine, el exhibicionismo se ha vinculado con el poder y la transgresión, como en *Belle de día* de Joseph Kessel o en el personaje de Catherine Tramell en *Bajos instintos*.

FANTASÍA ERÓTICA: Representación imaginaria de deseos sexuales que pueden o no llevarse a la práctica. La fantasía erótica ha sido explorada en la literatura desde *Las mil y una noches* hasta *Las edades de Lulú*. Algunos estudios psicológicos han analizado su función en la sexualidad humana y su relación con la creatividad y la represión social.

FETICHISMO: Atracción erótica hacia objetos, partes del cuerpo o elementos simbólicos que no suelen considerarse sexuales. Entre los fetiches más comunes están los pies, la lencería, los tacones o ciertos materiales como el cuero o el látex. La literatura erótica ha explorado el fetichismo en obras como *La Venus de las pieles*, mientras que en el cine ha sido un motivo recurrente en directores como Luis Buñuel y David Lynch.

INVERSIÓN DE ROLES: Práctica erótica en la que los participantes intercambian sus roles habituales de género o dominación. Puede incluir desde el *crossdressing* hasta la dominación femenina en un contexto BDSM. En la literatura, la inversión de roles aparece en *Orlando* de Virginia Woolf y en la construcción de la mujer fatal en el cine negro.

MIRADA MASCULINA (MALE GAZE): Concepto introducido por la teórica feminista Laura Mulvey para describir la forma en que el cine y la literatura han construido a la mujer como objeto de deseo para la mirada del hombre. Este enfoque ha sido analizado en la representación de la *femme fatale*, desde *Mata Hari* hasta *Catherine Tramell*.

PLACER Y CULPA: Relación conflictiva entre el deseo y la moral impuesta por la sociedad o la religión. Ha sido un tema recurrente en la literatura erótica y en personajes que oscilan entre la búsqueda del placer y el remordimiento, como en *Madame Bovary* o *Ana Karenina*.

SADOMASOQUISMO (S/M): Práctica erótica que combina el placer con el dolor y la humillación, ya sea desde el rol del dominante (sádico) o del sumiso (masoquista). El término deriva de los escritores Marqués de Sade y Leopold von Sacher-Masoch, cuyas obras, como *Justine* y *La Venus de las pieles*, sentaron las bases de la literatura sadomasoquista.

VOYEURISMO: Atracción por observar a otras personas en situaciones íntimas o eróticas sin su conocimiento. Ha sido un tema recurrente en la literatura y el cine, como en *El amante de Lady Chatterley* y en películas como *La ventana indiscreta* de Alfred Hitchcock.

Este glosario amplía la exploración del erotismo, la transgresión y la construcción del deseo en la literatura y la cultura, proporcionando una referencia fundamental para comprender las dinámicas del placer y la narrativa erótica.

Referencias y lecturas recomendadas

LITERATURA CLÁSICA Y MODERNA SOBRE EROTISMO Y DESEO.

Bataille, Georges. *Historia del ojo* (1928).

Bataille, Georges. *Señora Edwarda* (1941).

Bataille, Georges. *Mi madre* (1966).

Brontë, Emily. *Cumbres borrascosas* (1847).

Duras, Margarita. *El amante* (1984).

Flynn, Gillian. *Perdida* (2012).

Grandes, Almudena. *Las edades de Lulú* (1989).

Kessel, José. *Bella de día* (1928).

Lawrence, DH *El amante de Lady Chatterley* (1928).

Masoch, Leopold von Sacher. *La Venus de las pieles* (1870).

Nabokov, Vladímir. *Lolita* (1955).

Nin, Anaïs. *Delta de Venus* (1977).

Nin, Anaïs. *Henry y Junio* (1986).

Réage, Pauline. *Historia de O* (1954).

Sade, Marqués de. *Justine o los infortunios de la virtud* (1791).

Sade, Marqués de. *Los 120 días de Sodoma* (1785).

Ensayos y estudios sobre la mujer fatal, la sexualidad y la literatura erótica

Bataille, Georges. *El erotismo* (1957).

Doane, María Ana. *La construcción de la mujer fatal en la literatura y el cine* (1991).

Foucault, Michel. *Historia de la sexualidad* (1976).

Friedan, Betty. *La mística de la feminidad* (1963).

Kristeva, Julia. *Poderes de la perversión: Ensayo sobre Lo abyecto* (1980).

Paglia, Camille. *Personae sexual: Arte y decadencia desde Nefertiti hasta Emily Dickinson* (1990).

Showalter, Elaine. *Locura y género: Histeria, hipersexualidad y represión en la historia médica* (1985).

Stekel, Guillermo. *La mujer frígida: Estudio sobre el psiquismo sexual de la mujer* (1927).

ENRIQUE GALLUD JARDIEL

Historia cómica del sexo

I.S.B.N.: 978-84-9074-998-2

En un loable intento de acercar la cultura al personal sin que se le haga inaguantable, la editorial Verbum ha venido publicando historias cómicas (esto es: tratados completamente fieles al dato pero contados con humor) del cine, de la música, del arte, de España, de la medicina, del derecho, de la zarzuela, del libro, del teatro español, de la cocina y de la literatura universal. Pero se había olvidado del tema más importante (o, por lo menos, del que más gusta a todo el mundo, a decir de la totalidad de los encuestados): el sexo. Rellenamos esta laguna ofreciendo aquí una visión panorámica e hilarante a la vez de las costumbres y prácticas sexuales del Homo erectus (y aun del Homo agachatus) desde la Antigüedad hasta nuestro posmodernismo, complementada con varias divertidas semblanzas de cortesanas famosas y quizá alguna sección más que no mencionamos para picar la curiosidad del lector y que se decida a comprar el libro.